Ellert & Richter Erlebnis-Reise

Andreas Riedmiller/Gerd Pfitzenmaier

Zwischen Himmel und Erde

Nonnen im Bergkloster

Vorwort
von Abt Odilo Lechner OSB, Abtei St. Bonifaz
11

Der Gast oder: Vom wahren Wert des scheinbar Wichtigen
Eindrücke eines Laien, der hinter Klostermauern blicken durfte. Er erfährt: Was draußen Bedeutung hat, ist drinnen von ganz anderem Wert. Zeit und Geld, Freiheit, ja: Leben und Tod lernt er neu zu definieren.
13

Vreni oder: Der Weg zum Licht
Ein Versuch, die Gedanken eines jungen Mädchens zu beschreiben. Vreni ist Postulantin im Kloster. Als sie vor wenigen Monaten beschloß, Nonne zu werden, begann für sie eine rund fünfjährige Prüfung: Abschied nehmen von der oder Rückkehr in die Welt?
37

Die Priorin oder: Wer vor der Welt flieht, wird im Kloster scheitern
Ein Gespräch mit der Oberin des Klosters Maria-Rickenbach. Auf die Frage, ob das Klosterleben noch zeitgemäß sei, antwortet sie: „Es ist eben ein alternatives Leben."
49

Der Spiritual oder: Gratwanderung zwischen Glauben und Wissen
Ein Portrait Pater Werners. Der Priester ist ins Schwesternkloster abgeordnet, um den Nonnen die Messen zu lesen und mit ihnen die Eucharistie zu feiern. Der promovierte Altphilologe ist mit seinen 74 Jahren ein wacher Geist, der manche kirchliche Tradition recht kritisch bewertet. Nicht immer ohne (auch inneren) Konflikt.
57

Die Kräuterschwestern oder: Gottes Apotheke heilt nicht nur wunde Seelen
Wie die Nonnen in den Bergen allerlei Kräuter sammeln und daraus Tees, Tinkturen und Tropfen, Säfte, Salben und Schnaps bereiten, in denen die Kraft der Natur sich mit dem Wissen der alten Heilkundigen verbindet.
65

Heilkraft der Natur: Rezepte
83

Aus der Benediktsregel
85

Adressen von Klöstern, die auch Urlauber in ihren Mauern aufnehmen
86

Literatur
87

Impressum
88

Will man,
daß sich etwas tut,
dann muß man eine Gruppe haben,
die etwas tut.
Spruchweisheit aus China

Über den Wolken: Manche Wintertage lassen den besonderen Reiz des Lebens in Niederrickenbach mit allen Sinnen erfahren. Denn der Nebel dämpft den Trubel und das Treiben im Tal, und der Lärm des Lebens dringt nur als Gemurmel herauf. Und während die dicken Schleier den Menschen drunten jeden Blick in die Sonne verwehren, liegen die Matten hier oben im wärmenden Licht. Die Silhouette des Dorfes ist geprägt von den Gebäuden des Klosters. Hier leben die Benediktinerinnen von Maria-Rickenbach wahrlich zwischen Himmel und Erde.

Vorwort

Was verlockt zu einem Blick hinter die Mauern des Klosters – indem man sich selbst für einige Zeit hineinbegibt oder zumindest Bilder davon betrachtet? Ist es der Reiz einer anderen Welt? Erwartet man so etwas wie eine Vorahnung vom Himmel oder die beruhigende Erfahrung, daß auch dort nur Erde ist, ja ein besonders finsteres und beengtes Stück Erde?
Zunächst zeigen wohl die aufmerksamen, vorurteilsfreien und erfrischenden Einblicke ins Klosterleben, welche die Bilder und Texte dieses Buches ermöglichen, daß es sich im Kloster, mag es auch noch so hoch angesiedelt sein, um diese unsere Erde und um Menschen dieser unserer Welt handelt.
Ein Stück dieser Erde, von Menschen gestaltet, ist das Kloster – wie es Städte und Dörfer, Äcker und Straßen sind. Das Besondere ist wohl die feste Begrenzung, die Klausur, innerhalb derer Menschen Erde nach ihren Ideen, hier nach dem Evangelium Christi, gestalten wollen. Und diese Gestalt weist eine merkwürdige Konstanz auf, fast ein soziologisches Wunder in einer sich so rasch verändernden Welt. Die Regel, nach der die Menschen auf diesem Flecken Erde leben, wurde vor fast 15 Jahrhunderten geschrieben, sie wurde in unseren deutschsprachigen Landen vor 1250 Jahren heimisch, sie gilt in Maria-Rickenbach seit seiner Gründung im Jahr 1857. Während ringsum Reiche und Gesellschaftssysteme, Lebensstile und Kulturmoden einander abwechselten, blieben in den Klöstern – sicher in vielfältiger Variation – doch dieselbe Ordnung des Tages, dieselbe Struktur der Gemeinschaft, derselbe Rhythmus von Gebet und Arbeit, fast dasselbe Gewand und Brauchtum. Schon oft meinte man, das sei museale Konservierung der Vergangenheit, und immer wieder erwies es sich als lebendig und aktuell. So kann die Kontinuität klösterlichen Lebens ein trostreiches Zeichen dafür sein, daß es bei allem raschen Wandel menschlicher Geschichte ein Bleibendes gibt, die Frage nach dem Sinn menschlichen Daseins schlechthin und das Offenbarwerden solchen Sinns in menschlicher Gestalt. Solcher Offenbarung begegnet der Christ durch alle Jahrhunderte im Evangelium, dessen Kurzformel und Konkretisierung eine Klosterregel ja sein will.
Gestaltung der Erde – das klang einst sehr positiv, gerade wenn wir an das Wirken der frühmittelalterlichen Klöster, an die Verwandlung von wüster Gegend in eine Kulturlandschaft, an die Entstehung von Feld und Garten denken. Das klingt heute eher bedenklich, wenn wir an alle Verunstaltung der Landschaft durch unsere Bauten und Straßen denken und an die Gefahr, daß der die Natur manipulierende und ausbeutende Mensch den Lebensraum Erde zerstört. Eine Gestaltung der Erde freilich, die sich dem Glauben an ihren Schöpfer verpflichtet weiß, kann nicht nach Belieben über Welt und Leben verfügen. Alles, was ist, ist Gabe, die man nur ehrfürchtig und mit Danksagung empfangen darf, ist nicht Besitz des Menschen, sondern ihm anvertrautes Gut. Darum legt die Benediktsregel so viel Wert darauf, daß keiner etwas sein eigen nennt, daß Dinge und Werkzeuge im Kloster wie heilige Altargeräte behandelt werden, darum steht die Devise Benedikts „ut in omnibus glorificetur Deus – daß in allem Gott verherrlicht werde“ gerade in dem Kapitel, das er über die Handwerker im Kloster schreibt.
Was uns freilich heute bedrückt, ist die Vielschichtigkeit und anscheinende Undurchschaubarkeit all der Probleme von Umweltschutz und Bewahrung der Schöpfung, wie auch von Friedenssicherung oder gerechter Wirtschaftsordnung auf der Welt. Die Notwendigkeit weltweiter Maßnahmen läßt viele am Sinn des eigenen Einsatzes verzweifeln, die Angst vor den drohenden Katastrophen läßt viele kein Ja mehr sagen zur Zukunft. Auch hier wird ein Sinn der klösterlichen Klausur, der Ausgrenzung eines Bereichs aus dem Ganzen einer vom Untergang bedrohten Welt sichtbar: Dieser umgrenzte Flekken Erde ist gewiß nicht herausgenommen aus dem Schicksal der Welt, aber er bezeichnet einen Anfang. Im Vertrauen auf die größeren Möglichkeiten Gottes beginnen Menschen ihr Leben und ihr Stück Erde so zu ordnen, wie es ihnen als umfassender Sinn der ganzen Erde eingestiftet erscheint. Unver-

zagt versuchen sie es an dieser ihnen anvertrauten Stelle, so wie Benedikt im Zeitalter einer untergehenden Zivilisation Roms in Subiaco und Montecassino ohne weitere Absichten und Ziele Stätten gemeinsamer Gottsuche errichtete und so der Vater des Abendlandes geworden ist. Gewiß kann und darf ein Kloster sich heute in seiner nachdenkenden, betenden und tätigen Anteilnahme nicht ausschließen etwa vom weltweiten Prozeß für Frieden, Gerechtigkeit und Bewahrung der Schöpfung; sein wichtigster Beitrag bleibt freilich, dieses Zeichen des Anfangs, dieses Zeichen der Hoffnung aufzurichten: an einem Platz der Erde alles auf Gott hin auszurichten, in einer Friedensordnung menschliche Gemeinschaft zu leben und die Gaben der Schöpfung in Dankbarkeit gegenüber dem Schöpfer anzunehmen, zu pflegen und zu hüten.

Hier wird freilich deutlich, daß Kloster auch Verzicht bedeutet. Verzicht auf die vielen anderen Bereiche der Welt, um diesen Flecken Erde zum Zeichen zu machen, Verzicht auf vieles Gute und Wertvolle menschlicher Ergänzung und weltlicher Entfaltung, um sich zu konzentrieren auf die Suche nach dem tiefsten Sinn des Lebens, Verzicht auf viele künstliche Lichter, die unsere Nacht erhellen können, um besser die Sterne am Himmel zu sehen.

Raimon Pannikar, der indisch-spanische Religionswissenschaftler, spricht in seinem Buch „Den Mönch in sich entdecken“ vom universalen Archetyp Mönch. Er meint, in jedem Menschen lebe die Sehnsucht nach Einheit und darum auch Einfalt des Lebens, wie es im abgeschlossenen Kloster möglich ist. Möglich ist diese Einheit und Einfalt, weil im Kloster von anderen Dimensionen des Lebens abgesehen wird, weil der andere Aspekt der Wirklichkeit, ihre Vielheit und Vielfalt, zurücktritt. Darum kommen Menschen aus der Vielfalt ihrer Tätigkeiten, ihrer Welt für einige Zeit ins Kloster, um mit den Schwestern und Brüdern des Klosters nach der Einheit, nach dem innersten Kern des menschlichen Wesens zu suchen. Die Menschen des Klosters freilich sind in Gefahr, ihre Welt für die ganze Welt zu halten, um der seligen Einfalt willen die Vielfalt der Wirklichkeit zu verkürzen, zu vergessen, zu verdrängen. Aber sie leben in dieser vielfältigen Welt, und sie haben die Aufgabe, auch für sie zu leben.

Raimon Pannikar spricht von zwei Grundhaltungen der Menschheit, die Wirklichkeit entweder auf eine Einheit zurückzuführen oder sie als Vielheit unvereinbarer Urelemente zu erfahren. Heute aber müsse es das Ziel sein, zu einer versöhnten Vielfalt zu kommen.

Wenn die Schwestern von Maria-Rikkenbach ihre Pforten öffnen, damit Menschen einen Blick in ihr Kloster tun und darin ein wenig mitleben, dienen sie, so scheint mir, diesem großen Ziel. Sie erfahren in dieser Begegnung mit den Menschen ganz verschiedener Berufs- und Lebensbereiche etwas von der Vielfalt der Welt, in der und für die sie da sind. Diesen Menschen aber ermöglichen sie vielleicht, auch für ihren Alltag eine neue Einheit zu erahnen, den „Mönch in sich zu entdecken“. Vielleicht gelingt dies auch ein wenig dem Betrachter und Leser dieses Buches.

Abt Odilo Lechner OSB
Abtei St. Bonifaz, München

Der Gast oder: Vom wahren Wert des scheinbar Wichtigen

Eindrücke eines Laien, der hinter Klostermauern blicken durfte. Er erfährt: Was draußen Bedeutung hat, ist drinnen von ganz anderem Wert. Zeit und Geld, Freiheit, ja: Leben und Tod lernt er neu zu definieren.

Friede dem Kommenden,
Freude dem Bleibenden
und Segen dem
Scheidenden
Wandspruch an der Pforte in Maria-Rickenbach

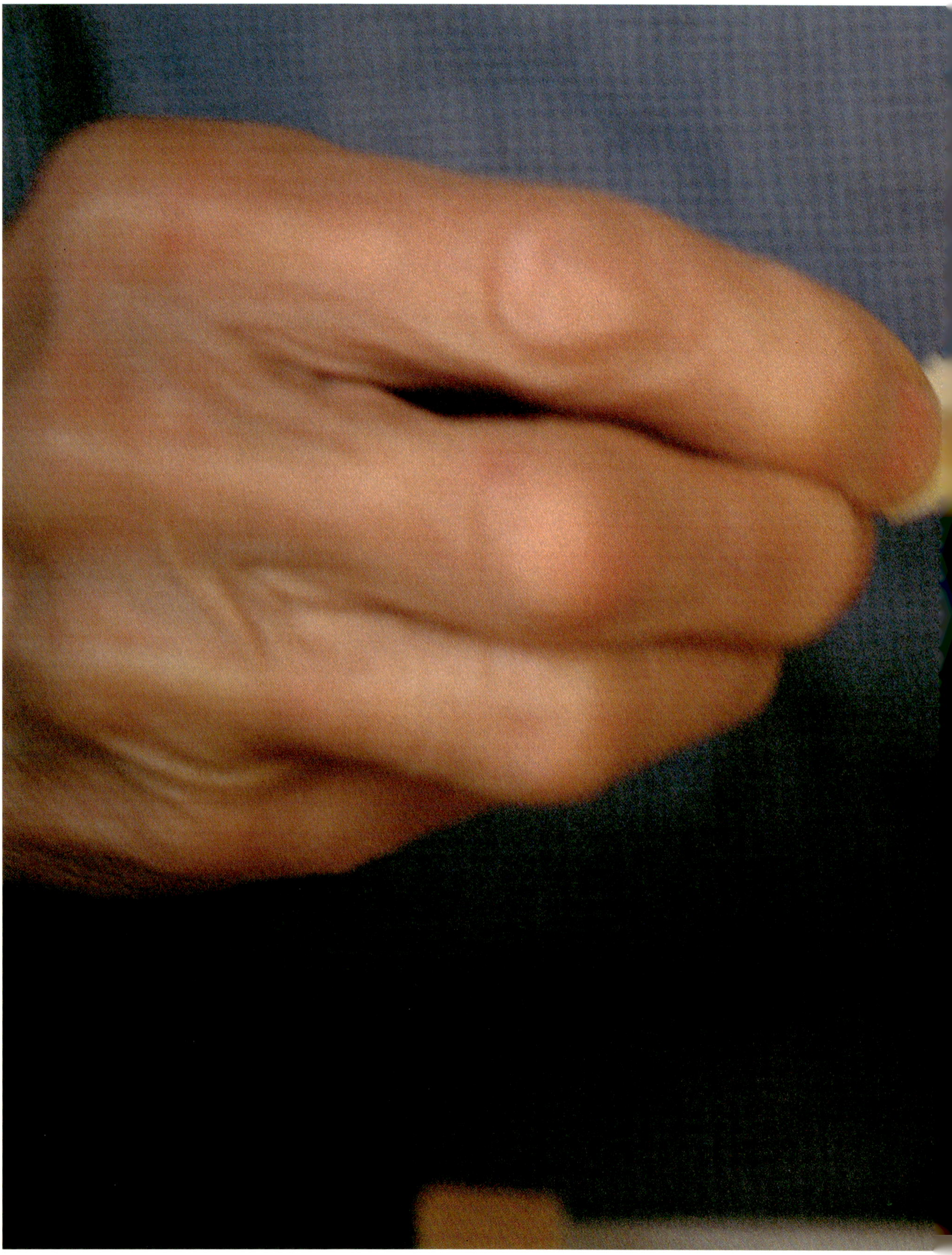

Schützend halten die Schwestern des Bergklosters Maria-Rickenbach ihre Hände über die Schönheiten der Natur. Ihr Glaube prägt ihren Umgang mit allem Lebendigen: In harter Arbeit ernten sie Blumen und Kräuter, um deren heilende Kräfte zu nutzen. Und weil diese Apotheke Gottes nicht verlorengehen darf, sind die Ordensfrauen zugleich überzeugte Umweltschützerinnen.

Die Bilder im Kopf betrügen uns oft. Jeder weiß es. Immer wieder aber fallen wir dennoch darauf herein, wenn wir den Dingen, für die wir mangels eigener Anschauung nur Worte haben, mit Anleihen bei unserer Phantasie eine Gestalt zu geben versuchen. Denn nur so scheinen sie uns (be)greifbar und verständlich.
Meine Bilder vom Kloster sind Kindheitserinnerungen. Sonntag-Nachmittags-Ausflüge ins Schwäbische, Besuche württembergischer Protestanten bei den steinernen Zeugen der Vorzeit: der Kreuzgang von Maulbronn, die mächtige Ulme in den Ruinen von Hirsau. Und noch heute fröstele ich bei dem Gedanken an die Mönchszellen in Alpirsbach. Diese dunklen Mauernischen bleiben haften als Kulisse; die Menschen, die solche Szenerien belebten, suchte die Phantasie ganz passend in der Komparsenriege des in dunklen Katakomben vegetierenden Grafen von Monte Christo.
Ohne daß dies auf den ersten Blick als Fehlbesetzung aufgefallen wäre. Denn das, was ich über das Leben in solchen Gemäuern aus Literatur oder Film erfahren konnte, erschütterte diese Bilderwelt kaum. Ob im „Glasperlenspiel“ oder in „Narziß und Goldmund“, ja selbst in „Unterm Rad“, in dem sich Hermann Hesse seine Erlebnisse als Zögling im Evangelisch-theologischen Internat des damals schon längst reformierten Maulbronn von der Seele geschrieben hatte: Das Leben im Kloster erschien stets kalt und finster, hart und düster.
Umberto Eco hat mir dies „bestätigt“: Sein Bild der Cluniazenserabtei im Apennin, das er in seinem Roman „Der Name der Rose“ gemalt hat, war ein Spiegel meiner Vorstellungswelt. Wie Adson von Melk es dort beschreibt, so mußte Klosterleben einfach sein: „Die Mönche saßen im Chorgestühl, sechzig dunkle Gestalten, alle gleich anzusehen in ihren schwarzen Kapuzen und Kutten, sechzig Schatten, kaum aufgehellt vom Fackelschein auf dem hohen Dreifuß, und sechzig Stimmen erhoben sich fromm zum Lobe des Höchsten.“
Und dann diese Enttäuschung: Das Kloster Maria-Rickenbach entlarvt all diese Bilder in meinem Kopf als pures Klischee.
Ein Betonklotz! Von Statur zwar mächtig wie eine mittlere Kathedrale, jedoch von jener beliebig austauschbaren Zweck-Architektur der siebziger Jahre, läßt der neue Trakt der alten Bergklause dem freien Gedankenspiel keinen Raum mehr. Klöster sehen anders aus, hatte ich mir eingeredet: Aber Klöster von heute sehen eben anders aus, als die Bilder in meinem Kopf es mir vorgespiegelt hatten.
Und auch ein anderes vorgefaßtes Urteil hält nicht lange stand: Keine Säule, kein gewölbter Kirchenhimmel bricht das Echo des Chorgebets. Nicht die Macht vielstimmiger Akkorde ist zu hören, mit der sich die Orgel eines Doms auf alle Zeiten ins Gedächtnis des Zuhörers prägt. Hauchzart nur windet sich das Melodienband aus dreißig Frauenkehlen, Ton auf und Ton ab, um die Worte der Psalmen.
Bergkloster Maria-Rickenbach: 1200 Meter hoch über dem Talboden von Dallenwil im Schweizer Kanton Nidwalden gelegen, schwebt diese von der Mauer umfriedete Ansammlung von Gebäuden an manchen Tagen im Sonnenlicht über den Wolken. Geradewegs wie der Vorhof zum Paradies. Was die Klostermauer unseren Blicken vorenthält, ist aber kaum das, was unsere Phantasie dahinter versteckt glaubt. Enttäuscht wird, wer Exotisches erwartet und beim Eintritt durch die Pforte das Gefühl verspürt, verbotene Wege zu betreten. Der Nervenkitzel beim Blick durchs Schlüsselloch in eine fremde Welt bleibt aus.
„Wie wenig Lärm machen die wirklichen Wunder“, wußte schon Saint-Exupéry. Die Faszination dieses Rückzugsortes am Rand der Nidwaldner Alpen liegt nicht in einer beeindruckenden Gesamterscheinung. Es ist die schlichte Schönheit der Details, die Maria-Rickenbach zum lohnenden Ziel macht. Dies zu erkennen, fordert Zeit, ein Sich-Einlassen auf den anderen Rhythmus, der das Leben der 35 Benediktinerinnen in dieser Klause bestimmt. Schon dies aber, daß sich der Reiz der Bergklause dem Gast nicht aufdrängt wie die barocke Üppigkeit einer Wieskirche, wie das Gold der Ab-

Diese Gesichter nehmen den Gast für sich ein. Denn die Falten um Augen und Mund sind bei Schwester Maria Felizitas und ihren Mitschwestern keine Narben der Arbeit oder Spuren der Sorge, sondern Signale der Freude: Lachfältchen.

teien von Ettal oder Neresheim, zählt zum eigentlichen Vorzug dieses Orts. Erst die innere Ruhe, die der Gast in diesem Haus alsbald belebend empfindet, das Zurücklassen der Umtriebigkeit seines Alltags „draußen" läßt ihn Muße finden. Auch wenn er es erst sehr viel später wahrnimmt: Gerade das ist es, was es in Maria-Rickenbach zu entdecken gibt.

Alles andere ist nur der, gleichwohl schöne, Rahmen. Die wunderbaren Bleiglas-Fenster etwa, die der Engelberger Pater Karl Stadler entworfen hat und die den Meditationsraum und die Ahorn-Kapelle schmücken. Sie laden förmlich dazu ein, sich hinzusetzen und still zu betrachten. Dem Besucher verwehrt bleibt in aller Regel leider ein zweiter Einblick in die Kunst des malenden Mönchs. Im Zellen-Haus der Schwestern hat Pater Karl die Fenster im Gang gestaltet. Dort spielte er mit der in die langen Flure einfallenden Sonne. So erzählen nicht nur die Motive ihre biblischen Geschichten, in denen der Betrachter, so oft er hinschaut, neue Feinheiten entdecken kann. Das Licht, das sich in den bunten Scheiben bricht, bezieht die Wände des Treppenhauses in das Werk mit ein.

Und der steinerne Kreuzweg: Auf dem Gang zwischen dem Refugium und den Arbeitsräumen hat Beate Heinen in extra dafür angelegten Mauernischen unbehauene Flußsteine gruppiert. Die Künstlerin war einst selbst in die Benediktiner-Abtei St. Hildegard in Eibingen eingetreten. Von dort war sie zum Studium an die Kunstschule nach Luzern geschickt worden. An den Wochenenden besuchte sie oft die Schwestern in Niederrickenbach. Für die Kreuzweg-Motive hat sie mit etwas Farbe unterstrichen, was die Steine erzählen. Dieser Kreuzweg öffnet Augen, lehrt, was ein aufmerksamer Beobachter in der Natur sehen kann.

Und dann: So sehr das Ensemble der Gebäude, in dem die Klosterkirche nur an ihrem Glockentürmchen über dem Pagodendach auszuspähen ist, die Illusion des Ankommenden auch zerstören mag, so sehr beeindruckt wird er vom Leben in diesen Mauern sein. Wie der Kern einer Frucht die Kraft für ein zukünftiges Gedeihen birgt und die Schale bloß schöne Hülle ist, so macht den Wert des Besuchs in Maria-Rikkenbach die Begegnung mit den Schwestern aus.

Diese Frauen wären prächtige Großmütter. Oder Tanten. Ja, wohl auch liebevolle Mütter.

Gesichter, die den Besucher vom allerersten Augenblick an für sich einnehmen: Es sind natürlich die Mienen betagter Frauen, mild und weise, einge-

rahmt vom weißen Kollar und dem schwarzen Schleier der Benediktinerinnen. Aber die kleinen Fältchen um den Mund und an den Augenwinkeln sind nicht die Narben der Arbeit und die Spuren der Sorgen. Es sind auch und vor allem die Signale der Freude: Lachfältchen.

Ora et labora: Der Zweitakt von Gebet und Arbeit bestimmt den Tages-Rhythmus der Schwestern. Und weil die oft mühselige Handarbeit wie etwa das Weben und Nähen von Tischtüchern den Frauen viel abverlangt, schöpfen sie zwischendurch immer wieder neue Kraft: Das Gebetbuch haben die Schwestern stets zur Hand.

Die Weisheit des Alters und die fröhliche Unbekümmertheit der Jugend leuchten zugleich aus ihren Augen. Sie reden leise, und die fehlende Eile in ihrem Gang verbreitet eine tiefe, sogleich als Wohltat empfundene Ruhe. Und doch scheinen diese Schwestern angefüllt mit Kraft und Energie. „Gott ist unsere Quelle, aus der wir schöpfen“, versucht Schwester Maria Felizitas diese nur im Kloster zu spürende Spannung zu erklären.
Ein fast kindlicher Glaube: So ist, wer die Frauen zum ersten Mal erlebt, geneigt, jenen Mittelpunkt gering zu schätzen, der doch, wie die Sonne die Planeten mit Licht und Wärme versorgt, in alle Bereiche des klösterlichen Lebens strahlt. Für uns, die wir seit den Zeiten der Aufklärung das Vermögen der Vernunft obenan stellen, klingt es zunächst wie ein Rückfall ins Mittelalter, was Schwester Maria Andrea, die

„Behandle alle Dinge, als wären es Altar-Gefäße“: Was Benedikt von Nursia seinen Nachfolgern in die Regel schrieb, beherzigen die Schwestern von Maria-Rickenbach mit sichtbarer Hingabe.

Novizenmeisterin des Klosters, über den Glauben sagt. Für sie und ihre Mitschwestern gilt: Sie entscheiden sich an jeder Kreuzung ihres Lebenswegs für ein radikales Einlassen auf den Glauben als Wegweiser. Nicht das Hinterfragen und Anzweifeln gilt ihr als die treibende Kraft. Sie sagt mit fester Überzeugung: „Wer zweifelt, läuft doch weg.“ So gesehen stellt sie das profane Bekenntnis zur Vernunft, das der Welt den wissenschaftlich-technischen Fortschritt schenkte und dessen kaum zu bewältigende Folgen einbrockte, gewissermaßen auf den Kopf. Oder auf die Beine? Die Schwestern sind sich ihrer Sache sicher. Denn sie haben es alle erfahren. „Gott spürt man“, versucht Schwester Maria Andrea das Unaussprechliche zu fassen, „ich etwa werde ruhig, wenn ich etwas tun soll, was ich nicht gerne tue. Dann habe ich auch vor Schwerem keine Angst mehr.“

Der Glaube, das wußte schon die alte chinesische Legende vom Bauern Ygüng zu erzählen, versetzt eben doch Berge. Und hilft Kirchen bauen. Nichts wohl könnte die Festigkeit der Schwestern von Rickenbach im Glauben besser beschreiben als die Anekdote, welche die Pförtnerinnen eines Abends erzählen: Der Neubau des Schwesternhauses Mitte der siebziger Jahre war vom Architekten auf satte sechs Millionen Schweizer Franken berechnet worden. Die seinerzeitige Oberin, deren erstes Anliegen es war, den Schwestern endlich wohnliche Unterkünfte zu schaffen, vertraute so sehr auf die Hilfe des Herrn, daß sie den ersten Spatenstich ohne einen Rappen in der Kasse beginnen wollte. Die kirchlichen Vorgesetzten wehrten ab. Wenigstens eine Million müsse auf dem Konto liegen, sollen sie die Schwestern gemahnt haben. „Und dann“, sagt Schwester Maria Stefania, „kam ein Mann und brachte den ersten Scheck über 100000 Franken.“

„Wir brauchten überhaupt nie betteln zu gehen“, fügt sie an. Die Schwestern haben um Hilfe gebetet. Und sie kam: Noch ehe der letzte Dachziegel auf dem First lag, waren schon fast sämtliche Bauarbeiter ausbezahlt!

Dieses unerschrockene Festhalten an

Achtmal an jedem Tag treffen sich die Schwestern zum Gebet. Im Chorgestühl der Klosterkirche hat jede ihren Platz. Zum gemeinsamen Singen oder auch zur stillen Zwiesprache mit Gott.

Dingen, die am Ende nicht erklärbar scheinen, kann trotzdem nur einen Ausschnitt aus dem Wesen der Klosterfrauen beschreiben. Mit den Schwestern erging es mir geradewegs so wie mit ihrem Kloster: Selbst die blühendste Phantasie ist gegen das bunte Mosaik der Wirklichkeit allenfalls ein matter Abglanz.

Zuerst sind es die kleinen Schwächen eines jeden, die eine Ordensfrau zum nahbaren Menschen machen. Das Nikkerchen beim Chorgebet, das der Kirchenbesucher zu manch früher Morgenstunde in den Reihen der Schwestern zu entlarven glaubt, schmälert den Respekt nicht. Es erleichtert aber einen ungezwungeneren Zugang. Am Anfang nämlich spürt der Gast noch eine Distanz zu den Schwestern, weil die Ordenstracht einen Schutzring um ihre Trägerin legt und innerhalb der Klostermauern wenigstens ihr Innerstes von der Welt abzuschirmen scheint. Auch bewegt er sich anfangs etwas scheu, weil seine Schuhsohlen auf den Gängen einen so harten Takt schlagen und seine Stimme in dieser Stille dröhnt. Die Schwestern aber machen es ihm leicht, sich heimisch fühlen.

Von verklärtem Rückzug ist in dieser Bergklause nicht die Rede. Schon nach draußen dringt das Lachen von Schwester Maria Stefania. Sie empfängt auch den ihr Unbekannten freudig. Hinter der Brille leuchten ihre Augen. „Omnes supervenientes hospites tamquam, Christus suscipiantur", fordert die Regel der Benediktiner im 53. Kapitel: „Gäste, die ankommen, empfange man alle wie Christus."

Das ist ein freudiger Auftakt. Und wer sich die Zeit nimmt, lange genug zu bleiben, wird eine Erfahrung machen, die auch die junge Postulantin Vreni nach wenigen Wochen im Kloster erstaunte. „Ich hätte mir niemals gedacht", sagt die 21jährige, „daß ich mit den doch viel älteren Frauen so viel und so herzlich lachen könnte."

Wo Freude ist, ist Lachen: Im Sommer genießen sie während der Mittagsstunde den Garten, die Blumen und die Sonne. Die eine strickt. Die andere liest. Viele reden und scherzen. Auf den Spaziergängen am Sonntag und mehr noch beim Kartenspiel im Aufenthalts-

raum: Der Ton ist durchaus fröhlich und unbeschwert.
Das sind die kleinen Freiheiten der Klosterfrauen: das Jassen und der Lässi. Gejaßt, Karten gespielt, wird in der Schweiz an jedem Wirtshaustisch, und das hört sich nirgendwo anders an als in der Schwesternrunde zu Rickenbach. „Es heißt", versucht Schwester

Trumpf oder nicht? Schwester Maria Gabriela konzentriert sich voll aufs Jassen. Das Spiel zählt zu den beliebtesten Betätigungen in der eng bemessenen Freizeit der Schwestern.

Maria Scholastica dem Nicht-Eidgenossen die undurchschaubaren Regeln dieses National-Spiels zu erhellen, „daß man beim Jassen nur gewinnt, wenn man gut schummeln kann." „Vielleicht spielen wir darum so gut", wirft lachend Schwester Maria Leonarda ein. Und der Zuschauer kommt, auch ohne vom Spiel selbst viel zu verstehen, voll auf seine Kosten: Wenn sie ihre Partnerinnen durch Kopfnicken auf eine besondere Taktik einschwören wollen, wenn sie mit einer Mitspielerin hadern, weil sie die falsche Karte eingesetzt, wenn sie sich freuen über einen Stich und – wie die Kinder – um Sieg und Niederlage rangeln.
Da fällt die letzte Mauer. Kein Drinnen mehr und kein Draußen. Keine Trennung zwischen Welt und Kloster. Und plötzlich ist es das Normalste dieser Erde, was der Gast über die Lässi erfährt. Alle drei Jahre dürfen die Schwestern normalerweise ein paar Tage Urlaub bei ihrer Familie machen. Jedes Jahr im Oktober aber kommt eine Woche, auf die sie hinfiebern: Lässi. „Die Bezeichnung entstammt dem Mittelalter, als man noch einmal im Jahr zum Aderlaß ging und danach eine Ruhe-

Von verklärtem Rückzug hinter Mauern keine Spur: Wenn die Schwestern in ihrer Freizeit dem Schweizer Nationalsport, einem Kartenspiel namens Jassen, frönen, unterscheiden sie sich wenig von den unzähligen Stammtisch-Jassern in der gesamten Schweiz. „Wir sind wie ganz normale Menschen“, bekräftigen die Schwestern.

Lässi-Zeit: Jedes Jahr im Oktober ist jede Schwester eine Woche lang von der Teilnahme am geregelten Tagesplan entbunden. Was früher der Erholung nach dem Aderlaß diente, bleibt heute eine willkommene Abwechslung. Die Frauen zieht es hinaus auf die Höhen der Nidwalder Berge. Im Habit, ihrem Ordenskleid, gehen sie auf Wanderung.

Die Bauern der Umgebung kennen die Schwestern oftmals seit ihrer Kindheit. Denn viele Älpler gingen im Kloster-Seminar zur Schule. Den Rat und den Segen der Ordensfrauen nehmen sie gerne entgegen.

pause brauchte", sagt Schwester Maria Scholastica. „Den Aderlaß gibt es Gott sei Dank nicht mehr. Aber die freien Tage."
Da gehen sie dann wandern. Den Rucksack vollgepackt mit Brot und Tee, ziehen die Schwestern in Tracht und Stiefeln auf die Grate der Umgebung.

Wer in den hölzernen Seilbahnkisten von einer der Alpen ins Tal schweben will, der ist, wenn die Gondel über dem Abhang schwebt, oft froh über die Mitfahrt eines „Schutzengels".

Nicht etwa, daß sie nur marschierten. Sogar zu Klettertouren kraxeln die Schwestern im Habit, ihrem Ordenskleid. Und sie benützen dann schon auch einmal eine Steighilfe. Schwester Maria Felizitas ist solche Fahrten mit der Materialseilbahn von den Touren der Kräuterschwestern gewohnt. Sie bestellt per Seilbahn-Telefon den Senn der Bleikialp an den Motor. 300 Meter freischwebend zieht das Drahtseil die hölzerne Kiste über die felsige Klippe hinauf auf die Matten der Alm. Bevor die Schwestern in die „Gondel" klettern, die dem Bauern zum Materialtransport dient, rufen sie ihren Schutzengel an. „Es hat auch schon einmal die Bremse versagt, passiert ist jedoch nichts." Was den Mitfahrer beruhigen sollte, läßt dessen Handflächen nur noch feuchter werden.
Ganz ehrlich eingestanden: Irgendwie ist, wer in der Kiste hockt und sich traut, einen Blick in die Tiefe zu werfen, schon froh, daß eine Klosterfrau mitschaukelt. Zu diesen Schwestern faßt der Besucher nicht nur Vertrauen, sie können in allen Lebenslagen auch Mut schenken.
Und sie helfen, ohne dies ausdrücklich zu wollen und allein durch ihr Vorbild,

das, was uns wichtig erscheint, auf seinen wahren Wert abzuklopfen. Die Uhren etwa gehen anders im Kloster. „Die hohe Bewertung der Minute, die Eile als wichtigste Ursache unserer Lebensform ist ohne Zweifel der gefährlichste Feind der Freude", hat Hermann Hesse herausgefunden. Und gefolgert: „Möglichst viel und möglichst schnell ist die Losung. Daraus folgt immer mehr Vergnügen und immer weniger Freude."
Nichts wohl könnte es treffender symbolisieren als die Taschenuhr, die seit mehr als einem halben Jahrhundert in der Schürze von Schwester Maria Agatha tickt. Die Schwester sitzt bei ihrer Arbeit neben dem Brennkessel und wartet, bis das Feuer der Maische den Geist austreibt. Die Uhr liegt unter der Käseglocke auf dem Tisch am Fenster: Die Zeit, das geschützte Gut, ist gleichsam konserviert. Die alte Schwester schmunzelt: „Sonst schnappt mir die Katze die Uhr weg."
Nicht eigentlich um das silberglänzende Schmuckstück ist der Schwester bang. Doch die Uhr ist, und wieder zerbricht eines der im Kopf gemalten Klosterbilder, hier so unentbehrlich wie das Gebetbuch.
In einem Denkstück über die Zeit hat Jürgen Dahl in der Zeitschrift „natur" noch philosophiert: „Das Paradies verbindet man eher mit der Vorstellung des Liegens als der von schneller Bewegung. Aber schon den Akt der Vertreibung denkt man sich als mit Eile verbunden ..." Im Vorhof des Paradieses jedoch läuft nichts ohne Uhr. Auch wenn die Schwestern nicht den Zeitdruck des Fabrikarbeiters kennen, ihr Tagesrhythmus zwingt sie in ein Schema, dem auszuweichen unmöglich und das einzuhalten oft eine anspruchsvolle Leistung ist.
Schon um halb vier in der Frühe steht Schwester Maria Agatha auf. Freiwillig hat sie zu dieser Nachtstunde die Anbetung in der Kirche übernommen. „Alte Leute brauchen ja nicht mehr soviel Schlaf", sagt die 83jährige.
Um fünf Uhr geht sie wecken. An jede Tür muß sie klopfen und rufen: „Schwester, wachen Sie auf. Die menschgewordene Liebe ruft Sie zur Anbetung!" Danach setzt Schwester Maria Agatha in der Küche den Kaffee auf.
Der Klosteralltag hält sich streng an den Plan. Die Arbeit muß sich den Gebets- und Tischzeiten unterordnen:

5.30 Uhr Betrachtung
6.10 Uhr Laudes
6.45 Uhr Eucharistiefeier
7.30 Uhr Terz
7.45 Uhr Frühstück
11.00 Uhr Mittagshore
11.20 Uhr Mittagessen
15.40 Uhr Geistliche Lesung
16.00 Uhr Vesper
17.45 Uhr Rosenkranz (im Winter)
18.15 Uhr Nachtessen
19.30 Uhr Komplet

Das bringt den an ein derart strenges Korsett nicht gewöhnten Besucher ins Schwitzen. Ihm scheint, als lasse dieses Programm den Klosterfrauen kaum noch Zeit zum Atmen, geschweige denn jene Stunden der Stille, die sich auch der aufgeklärte Weltbürger als überzeugendes Argument für den Eintritt in die Klausur vorstellen könnte. Das geruhsame, vom Ballast der täglichen Sorge um Essen und Schlafstatt befreite Wandeln in Garten und Kreuzgang biete – so die Vorstellung –, zusammen mit dem über Jahrhunderte angehäuften Wissen, alle Chancen zum Erwerb einer humanistischen Bildung, und dies allein könne ein Leben im Kloster allenfalls rechtfertigen.
Gebet und Arbeit, ora et labora: Der in Benedikts Regel abgesteckte Spannungsbogen für das klösterliche Leben jedoch ist, entgegen dem ersten Empfinden des Besuchers, so ausgewogen, daß der Streß-Begriff, den er aus seinem Alltag zur Genüge kennt, auf den Tag der Schwestern nicht paßt. Gerade die strenge Einteilung des Tages in Zeiten der Arbeit, Stunden der Erholung und Besinnung verhindert dies. Das allein schon könnte als Beweis dafür gelten, daß der Kodex monastischer Lebensformen seine Aktualität bewahrt hat.
Benedikt von Nursia, 480 im sabinischen Bergland geboren, gilt als der „Vater des Abendlandes", denn seine vor gut 1500 Jahren niedergeschriebene Regel wurde rasch in allen Regionen der Erde zum allgemein anerkannten Gerüst für ein klösterliches Zusam-

menleben. Sein erster und wohl berühmtester Biograph, Papst Gregor der Große (590–604), lobt das Werk als „durch weise Maßhaltung ausgezeichnet und lichtvoll in den Worten“.

Angewidert vom sinnentleerten Leben im Rom seiner Studienjahre, hatte sich Benedikt als Asket in eine Höhle bei Subiaco zurückgezogen, um nach den Idealvorstellungen orientalischer Mönche zu leben. Später scharte er eine Reihe Gleichgesinnter um sich und gründete neben mehreren anderen um 529 auch das Kloster auf dem Monte Cassino. Dort schrieb Benedikt seine Regel nieder, die das reibungslose Zusammenleben der neuen Gemeinschaft garantieren sollte. Er bediente sich dafür der Handschriften früherer Kirchenväter.

Benedikt hat im streng juristischen Sinn keinen Orden gegründet. Wenn das Namensregister der Benediktiner heute über 10000 Mönche und rund 8000 Nonnen in etwa 370 Männer- und gut 320 Frauenklöstern auf der ganzen Welt zählt, ist dies nur ein relativ loser Zusammenschluß in 21 sogenannten Kongregationen. Erst seit 1893 gibt es, auf Vorschlag des damaligen Papstes Leo XIII., den Zusammenschluß einer benediktinischen Konföderation. An deren Spitze steht der in Rom residierende Abtprimas. Weitere 520 Häuser, in denen noch einmal 11000 Schwestern ohne strenge Klausur wohnen und arbeiten, die in zwölf Kongregationen zusammengefaßten 80 Zisterzienserklöster mit 1200 Mönchen sowie rund 80 Trappistenklöster mit 3000 Mönchen ordnen ihr Leben nach der Regel des Benedikt von Nursia.

In 73 einzelne Kapitel hat Benedikt seine Regel geordnet. Sie legt die Hierarchie im Kloster fest, klärt über die Fehler der Mönche auf und schreibt die Strafen vor. Sie weist an, wie Gottesdienst und Chorgebet zu halten seien, legt den Tagesplan fest, gibt Hinweise zur Organisation der Arbeiten im Haus. Und bestimmt, wie die Mönche und Schwestern miteinander umgehen sollen.

Für jeden Tag im Jahr schreibt eine ausgeklügelte Leseordnung einen bestimmten Abschnitt aus der Regel des Benedikt vor, den die Mönche und Nonnen hören und über den sie nachdenken sollen. Schwester Maria Andrea, die Novizenmeisterin in Maria-Rickenbach, nimmt, wenn sie die Bedeutung des Werkes erläutern soll, jene Ausgabe zur Hand, die der Abt des Klosters Einsiedeln kommentiert hat. Georg Holzherr schreibt darin: „Die Regel ist wie ein alter schwerer Wein, den man in kleinen Schlücken genießt. Wer das Maß überschreitet und nicht mit Verstand zu trinken weiß, ist zu bedauern. Kopf und Herz, Seele und Gemüt sollen die Worte der Regel kosten, wie sich das Auge an der Farbe des Weins erfreut, während Zunge, Nase und Gaumen auf ihre Art die köstliche Gabe Gottes gustieren.“ Die Schwestern sitzen beim Mahl im Konvent. Im großen Kreis haben sie sich, von der Kirche kommend, an den beiden langen Holztisch-Reihen hinter ihren Stuhl gestellt. Die Rangordnung der Klosterjahre bestimmt die Sitzfolge.

An der Stirnseite des großen Saales, über den Plätzen der Mutter Priorin, der Mutter Subpriorin und von Schwester Maria Joseffa, der ältesten der Klosterfrauen, hängt ein großes Kruzifix. Sonst schmücken den eher spartanisch möblierten, hellen Raum nur eine alte Uhr und die Portraits der Klostergründer.

Die ganze schweigsame Zeremonie des rund halbstündigen Mahls ist ein einziges Symbol für die klösterliche Tugend der Demut und des Gelübdes der Armut. „Die Unmäßigkeit ist vor allem zu meiden; bei einem Mönch komme es nie zur Übersättigung, denn nichts verträgt sich weniger mit einem Christen als die Unmäßigkeit“, definierte Benedikt das Maß der Speisen. Mit gesenktem Haupt beten die Schwestern. Dann setzen sie sich vor die von den beiden Tischdienerinnen zuvor ausgeteilten Zinnteller und rollen ihr in Servietten gewickeltes Besteck aus. Stumm verharren die Frauen, bis die Bedienerinnen zuerst den Tisch der Oberinnen, dann die restlichen Tafeln mit Suppe versorgt haben. Sie essen, ohne ein Wort zu reden.

Nur die Stimme der Vorleserin ist zu hören. Sie trägt das Bibelwort zum Tage vor, liest einen Abschnitt über den

Tagesheiligen, ehe sie die Schwestern mit ausgewählten Meldungen aus der Tageszeitung am Geschehen in der Welt Anteil haben läßt. Derweil sitzen die beiden Bedienerinnen still in einer Ecke, warten, ob sie den Schwestern nachlegen sollen. Auch sie reden nur mit den Augen miteinander.

Die Dienste wechseln wöchentlich. „Jeder, der sich selbst erhöht, wird erniedrigt, und wer sich selbst erniedrigt, wird erhöht." Mit diesem Wort aus dem Lukas-Evangelium leitet Benedikt von Nursia das Herzstück seines Werkes ein: die Beschreibung der zwölfstufigen Leiter, die der Mönch auf dem Weg zur Demut erklimmen muß. Nicht nur der Dienst für die anderen, auch die Mahlzeit selbst ist ein Zeichen dafür, wie ernst es die Schwestern von Maria-Rickenbach damit nehmen. Wer zu Ende gegessen hat, wartet, noch immer stumm, bis die Dienerin die Schüsseln wieder abträgt. Dann reinigt jede Schwester mit einem Brotkanten, der auf dem Tisch bereit liegt, ihren Zinn-Napf, gießt aus einer Flasche etwas Wasser ein und säubert auch das Besteck, ehe es erneut in die Serviette gewickelt und in die Schublade unter der Tischplatte gelegt wird. Ganz zum Schluß trägt die Leserin noch den Tagesabschnitt aus der Regel Benedikts vor.

Erst wenn die Priorin sich von ihrem Stuhl erhebt, stehen alle auf, beten und verlassen ohne ein Wort den Raum.

Einfach, ja karg ist dies Leben. Zur Ar-

mut haben sich die Schwestern bei der Aufnahme ins Kloster und der rituellen Vermählung mit Gott verpflichtet. Was außerhalb der Klostermauer ein Makel und ein Quell fortwährender Sorge ist, gewinnt jenseits der Umfriedung einen hohen Wert: Armut als Protest gegen die Diktatur des Habens. So sehen es die Ordensleute. „Wer im Überfluß lebt, vergißt leicht den Herrn" – das Zitat Don Boscos hat denn auch der Spiritual, der Seelsorger und Beichtvater des Klosters Maria-Rickenbach, über eine Predigt vor den Schwestern gestellt. Pater Werner mahnt: „Niemand, auch die Kirche nicht, bleibt von den Verlockungen unberührt."

Die Mahlzeiten im Kloster sind ein einziger Ausdruck demütiger Haltung. Das Gebet der Priorinnen eröffnet ein wortloses Zeremoniell, dessen sichtbarer Ausdruck von Bescheidenheit die Zinnteller sind. Und die Wasserflaschen, deren Inhalt am Ende zur Reinigung des Bestecks benutzt wird.

Deshalb wollen die Schwestern, in einer Welt, die nach Materiellem giert, bewußt einen ganz anderen Weg aufzeigen.

Wohl am deutlichsten hat Erich Fromm in seinem Buch „Haben oder Sein" diesen Widerstreit des egoistischen und des solidarischen Interesses skizziert. In der Lehre Buddhas, im Alten wie im Neuen Testament findet Fromm die Anklagen gegen die besitzorientierte Lebensweise als einen Weg in die Sackgasse. Das zentrale Postulat des Christentums, die Aufforderung Jesu an seine Nachfolger: „Liebe Deinen Nächsten", sieht Fromm als den wohl radikalsten Verzicht auf die Denkweise des Habens an. Denn es ist „die vollständige Aufgabe aller Selbstsucht und die volle Verantwortung für den Menschen".

Für die Schwestern von Rickenbach ist

der Verzicht auf materielle Güter denn auch weniger eine Last denn eine Befreiung. „Wir sind doch wie die Vögel", sagt Schwester Maria Felizitas, „wir brauchen uns nicht um Essen und Wohnen oder Kleidung zu kümmern. Es ist immer alles da." Und sie bedauert uns alle jenseits der Klostermauer, weil wir so viel Zeit unseres Lebens damit vergeuden, all diesen Dingen hinterherzurennen.

Dieses Aufgeben der ängstlichen Sorge beweist für Walter Ludin, Verfasser eines Buches über die Klöster in der Schweiz, das Vertrauen auf die Vorsorge Gottes. Er geht sogar noch weiter und unterstreicht die hochmoderne Bedeutung des Armutsgelübdes bei Stichworten wie Umweltschutz und Konsumaskese: „Wer aus der künstlichen Bedürfnisweckung aussteigt, sich der dauernden Verschwendung widersetzt und seinen Lebenssinn nicht in der unheilvollen Spirale von Produktion, Konsum und wiederum Produktion um des Konsums willen sieht, nimmt Rücksicht auf die Schöpfung Gottes. Er hält ihre Ausbeutung und Zerstörung auf." So hat dies auch der Spiritual in Maria-Rickenbach gepredigt: „Weil in unserer Zeit viele Menschen reiche Geldmittel zur Verfügung haben, fühlen sie sich fast gewaltsam gedrängt, schöne Häuser zu bauen, ihre Wohnungen prunkvoll auszustatten und mit teuren und protzigen Autos aufzufallen." Pater Werner setzt diesem Lebensziel eine ganz andere Definition des Reichtums entgegen: „Reich ist, wer viel hat. Reicher ist, wer wenig braucht. Am reichsten aber ist, wer viel gibt!"

So verstanden ist das Gelübde auch kein Rückzug von den Problemen der Welt. Im Gegenteil. Es wird zur bewußten, kritischen Auseinandersetzung mit ihnen. Die Schwestern von Maria-Rickenbach können ihrem Gast ein Vorbild an Bescheidenheit sein. Wer ihre Schlafzellen sehen könnte, die uniform möbliert und mit unserem Streben, uns vom Nachbarn abzuheben, so gar nicht vereinbar sind, käme ins Nachdenken. Und sieht er den Glanz in den Augen der Nonnen, wenn sie zum Abschied jenes Obst mit auf den Weg geben, das sie selbst geschenkt bekommen haben, oder die an langen Herbstabenden gebastelten Grußkarten, dann lernt er den Wert jener Dinge wieder schätzen, die draußen kaum etwas bedeuten.

Verzichten: Hinter Klostermauern hat das Wort eine andere Bedeutung als draußen. Kaum etwas macht es deutlicher als der am Anfang zaghafte Versuch, sich im Gespräch mit den Schwestern an das Gelübde der Ehelosigkeit heranzutasten.

Dabei hätte Martin Luthers freimütiges Bekenntnis auch dieses Trugbild längst aus dem Kopf verbannen können: „Als Mönch habe ich nicht viel sexuelle Gefühle gehabt", hat der Erfurter Augustiner gesagt, „Pollutionen waren eine rein körperliche Angelegenheit."

Die Frage nämlich stellt sich nicht. Nicht mehr. Hier drinnen nicht mehr. Ob sie sich ihren Partner fürs Leben unter den Mitmenschen wählen oder ihre „ganzen seelischen Kräfte zuerst einmal auf Gott hin" (Walter Ludin) wenden, diese Entscheidung haben die Schwestern draußen gefällt. Sie ist ja eine der wichtigsten Grundüberlegungen auf dem Weg in die Klausur. So etwas geht kaum in kurzer Zeit. Und sicher nur unter Schmerzen. „Am Anfang hat es schon weh getan", räumt die junge Kandidatin Vreni ein. Den Freunden abzusagen, weil sie statt zum Tanz lieber noch einmal in die Messe wollte, das erforderte Mut. Und Überwindung. Denn auch wenn es die älteren Schwestern so nicht sagen würden: So rational sich die Begründung der Ehelosigkeit von Ordensleuten auch anhört, so sehr bestimmt den anfänglichen Kampf des Für und Wider ganz sicher fast ausschließlich die Emotion.

Warum sonst bedarf es der ausführlichen Begründung, „daß Ehelosigkeit kein Verdrängen menschlicher Zuneigung" und der Verzicht auf einen Lebenspartner nicht erst „durch Abtötung aller Gefühle" möglich sei, wie dies Walter Ludins Einführung ins Klosterleben betont? Die Frage entlarvt den Besucher. Die Schwestern verstehen die Ehelosigkeit nämlich gar nicht als einen Verzicht. Für sie ist es vielmehr ein Gewinn: an Freiheit. Nicht „Freiheit von", sondern „Freiheit zu".

Und sie nehmen die Definition des Gelübdes durch Roger Schutz, den Prior von Taizé, als Verpflichtung, den Freiraum zu nutzen: „Die Ehelosen, die ihre Hoffnung so sehr auf Gott richten, daß sie niemand für sich selbst besitzen wollen, sollen ihre Arme allen offen halten."

Der willigste Geist jedoch wohnt oft in schwachem Fleisch. Ordensgründer Benedikt von Nursia wußte dies aus eigenem Erleben wohl. Schließlich hatten Neider sein Einsiedlerleben stören wollen, indem sie nackte Mädchen vor seinem Fenster tanzen ließen. Nach dieser Legende läßt sich erklären, warum er gar das Lesen der ersten sieben alttestamentarischen Texte, des sogenannten Heptateuchs, und der Königsbücher in der abendlichen Mönchsrunde verbot. Der Abt von Einsiedeln und Benedikt-Kommentator Georg Holzherr meint dazu: „Kassian (ein von Benedikt zitierter Kirchenvater, d. A.) empfahl, gewisse Lesungen, welche die sexuelle Phantasie erregen könnten, am Abend zu vermeiden."

„Die Zuneigung zu einem menschlichen Partner steht nicht in Konkurrenz zur Gottesbeziehung", betont Walter Ludin. Wer aber in der langen Noviziatzeit, in der die Tür zurück ins Leben immer offensteht, die Wahl fürs Leben hinter Klostermauern getroffen hat, von dem erwarten die Schwestern Standhaftigkeit. Auch in allen schwachen Stunden. „Die hat jede von uns in all den Jahren", geben die Schwestern freimütig zu. Zwar steht es auch dann theoretisch einer jeden frei, den Orden wieder zu verlassen. Doch dies ist ein Schritt in eine ungewisse Zukunft. Ein Zurück, eine erneute Aufnahme in die Schwesterngemeinschaft ist danach nämlich ein für alle Mal verwehrt. „Und ich wüßte nicht, daß eine, die geglaubt hat, draußen doch glücklicher zu werden, es am Ende dann auch tatsächlich geworden wäre", sagt eine der Schwestern nachdenklich auf einem Spaziergang.

Und dabei geht die letzte Frage nicht mehr aus dem Sinn: Wofür all der Verzicht? Die Antwort darauf gibt eine Episode nach einem herrlichen Tag in den Bergen. Eine junge Frau hatte den Schwestern beim Kräutersammeln geholfen. Müd und matt zogen alle zusammen den mit prallvollen Säcken bepackten Handkarren Richtung Kloster. Da seufzte die Helferin tief: „Was für ein herrliches Erlebnis. Das war der schönste Tag in meinem Leben." Schwester Maria Felizitas blickt sie an und entgegnet: „Wissen Sie, was mein schönster Tag sein wird?" Und als nur Achselzucken folgt, sagt die Klosterfrau mit freudig erregter Stimme: „Mein schönster Tag wird sein, wenn ich sterbe!" Als Schwester Maria Felizitas das betretene Gesicht der Helferin sieht, fühlt sie, daß eine Erklärung folgen muß: „Dann nämlich erwartet mich der Herr."

Noch einmal dieses Spannungsfeld: Die helle Freude am Leben und die Sehnsucht nach dem Jüngsten Tag sind für die Schwestern in Maria-Rickenbach kein Widerspruch. „Was ist der Mensch?" fragt die Schwester, die auf dem kleinen Klosterfriedhof die Gräber mit frischen Blumen schmückt. Sie deutet auf die Mauernische. Dort sind Schädel aufgereiht und Knochen ausgestellt. Die Schwestern haben die Überreste der Verstorbenen wieder aus dem Boden geholt, damit ihr Anblick sie jeden Tag an die Vergänglichkeit des irdischen Daseins erinnert. „Unser Körper ist Staub", sagt die Schwester, „nur der Geist überlebt."

Daran glauben sie fest: Sie werden sich dereinst alle wiedersehen. Auch wenn es, wie Schwester Maria Agatha einmal gesagt hat, die Klosterfrauen viel schwerer haben werden als wir draußen, dem Fegefeuer zu entkommen – „denn Sie sind ja so viel mehr Anfeindungen ausgesetzt als wir hier, und darum müssen wir uns viel mehr verantworten für das, was wir tun" –, ihr Glaube an die Auferstehung ist unumstößlich. Da sind sie wie die Kinder.

„Du sollst Dir kein Bildnis machen", heißt es im Alten Testament. Das tun sie auch nicht. Wenn sie aber vom Einzug ins Paradies träumen, schleicht sich doch so ab und an ein Wunsch ein. „Da werde ich vielleicht alle Heiligen treffen können", hofft Schwester Maria Andrea. Jetzt sind es die Schwestern, die sich insgeheim, und jede ganz persönlich, ihr Bild malen von dem,

Der Tod ist allgegenwärtiger Begleiter in Maria-Rickenbach. Einige Schädel verstorbener Schwestern wurden in Mauernischen des Friedhofs gestellt. Sie sollen mahnen, „daß der Körper nur Staub ist und nur der Geist überlebt“. Daran glauben sie fest: Sie wollen sich dereinst alle wiedersehen.

was keine sich vorstellen kann. Ein Bild von dem, was sie erwartet. Und ein Bild von dem, der sie erwartet.
Und ich wünschte, es wird ihnen besser ergehen als mir, und ihre Vorstellung vom Garten Eden möge sich nicht ebenso als Trugbild erweisen wie jenes, das ich mir vom Vorhof des Paradieses gezeichnet hatte.
Eines habe ich gelernt in Maria-Rickenbach: Wenn ich versuche, es in der Sprache der Schwestern zu sagen, dann erweist sich hier, wer den Mut hat, einfach zu glauben.

Vreni oder: Der Weg zum Licht

Suchet, so werdet Ihr finden. Klopfet an, dann wird Euch aufgetan.
Matthäus 7, Vers 7

Ein Versuch, die Gedanken eines jungen Mädchens zu beschreiben. Vreni ist Postulantin im Kloster. Als sie vor wenigen Monaten beschloß, Nonne zu werden, begann für sie eine rund fünfjährige Prüfung: Abschied nehmen von der oder Rückkehr in die Welt?

Sie brachte Farbe und Freude ins Leben der Schwestern: die junge Kloster-Kandidatin Vreni. Nach ihren ersten Wochen in der Abgeschiedenheit des Bergklosters bereute das erst 21 Jahre alte Mädchen seinen Entschluß nicht, denn sie stellte fest: „Ich glaube, ich habe selten so viel gelacht wie mit diesen doch so viel älteren Frauen."

Alles wegen Vreni! Dieses Mädchen hat die Schwestern in Maria-Rickenbach schon etliche Wochen vor ihrer Ankunft auf dem Berg ganz aus dem Häuschen gebracht. Ein wenig durfte sich, wer diese Phase miterlebte, an die eigene Schulzeit erinnert fühlen, an die Tage vor den Ferien, die von der Vorfreude auf die freie Zeit, aber auch vom bangen Erwarten des Zeugnisses bestimmt waren. Hin und her gerissen zwischen diesen seltsamen Stimmungen waren auch die Frauen. Kein Gespräch schien mehr möglich, das nicht bei dem einzigen jetzt wichtigen Thema anlangte: Endlich kommt eine neue Kandidatin.

Viele Jahre haben die Rickenbacher Schwestern vergeblich darauf gewartet. Ab und an hatte sich ein junges Mädchen bei ihnen gemeldet und den Wunsch geäußert, ins Kloster einzutreten. Keine aber hatte die gut fünf Jahre währende Prüfzeit als Kandidatin, später als Novizin, bis zur Profeß-Feier durchgestanden. Alle waren sie gescheitert bei dem Versuch, ihr Leben gänzlich umzukrempeln: sich einzufügen in die Gemeinschaft, sich unterzuordnen unter die benediktinische Regel.

Dann endlich saß Vreni beim Kaffee im Gästeraum des Klosters. Der Vater und die Mutter hatten das Mädchen begleitet. Sie aßen Kuchen und redeten, und wenn sie scherzten, lachte Vreni.

Die Schwestern von Maria-Rickenbach erwarteten Vreni mit Freude: Viel häufiger als üblich huschte eine der Frauen durch den Raum. Ab und an rückte eine die Schiebetür der Durchreiche zur Seite, um einen Blick ins Zimmer zu erhaschen. Von all der Spannung aber, die im Zimmer förmlich knisterte, schien Vreni nichts zu spüren.

Als wär's der einfachste Schritt auf dieser Welt, setzte sie sich später ins Chorgestühl. Den Kopf hielt das Mädchen leicht geneigt, die Hände lagen gefaltet im Schoß. Mag sein, daß Vrenis Wangen noch ein wenig roter als sonst glühten, aber nicht einmal ihre Stimme verriet, was in ihr vorging, als sie nach der Komplet am Altar vor die Priorin trat und um Aufnahme als Kandidatin ins Kloster bat …

Die Rickenbacher Schwestern brauchten wieder ein paar Monate, um ihre Ungewißheit abzustreifen. Vreni werde wohl, anders als so manche vor ihr in den zurückliegenden Jahren, bei ihnen bleiben. Das Mädchen sei „eine gute Tochter", sagen sie. Allmählich wird wieder Ruhe einkehren in Maria-Rickenbach, und die Tage werden ihren gleichförmigen Rhythmus wieder aufnehmen.

Der Blick aus dem Fenster im Noviziat ist einmalig: beruhigend und weit. An manchen Tagen steht die Schwester dem Himmel ein Stück näher – über den Wolken.

Nur die Zimmer im obersten Stockwerk des Kloster-Neubaus sind nicht länger verwaist. Es sind die schönsten Räume im Haus. Vor ihren Fenstern liegt eine ganz andere Welt: Die Berge thronen noch imposanter über dem Tal. Die Schlucht, die hinabführt nach Dallenwil, gräbt sich noch tiefer in den Fels. Die Sonne taucht, ehe sie scheinbar in Augenhöhe am Horizont versinkt, den Himmel in ein noch mystischeres Licht.

Noch stiller ist es hier oben. Selten nur geht auf dem Gang eine Schwester vorüber. Denn das Noviziat liegt weit ab von den Werkstätten und Gemeinschaftsräumen. Ein wenig gleichen die Zimmer einer Schleuse: Nicht gleich vom ersten Tag an sollen die Kandidatinnen die Enge hinter Klostermauern spüren. Das Zusammen-Leben der Novizinnen soll ihr Ein-Leben in die Schwestern-Gemeinschaft erleichtern.

„Genauso habe ich mir das Kloster ausgemalt", sagt Vreni, „draußen kannst Du die Vögel zwitschern und den Wind pfeifen hören. Und hier drinnen stört nichts die Ruhe."

Im Noviziat versucht Schwester Maria

Der erste Schritt in eine neue Welt: Vreni wird von der Mutter Priorin des Klosters Maria-Rickenbach als Kandidatin in die Schwestern-Gemeinschaft aufgenommen. Schwester Maria Andrea, die Novizenmeisterin, wird das Mädchen in den kommenden Jahren ausbilden.

Andrea, die Novizenmeisterin, den Schwestern in spe die wichtigsten Grundregeln des Klosterlebens beizubringen. Sie erfahren etwas über die spezielle Lebensform als Klosterfrau. Am Übergang von der Zeit als Postulantin zum eigentlichen, ein Jahr dauernden Noviziat wird Vreni nicht nur ihre Kleider gegen die Tracht der Schwestern tauschen. Nur der weiße Schleier unterscheidet sie dann noch von den anderen. Nach dem Noviziatjahr wird sie für die Dauer von drei Jahren die Gelübde der Ordensfrau ablegen: Beständigkeit, Armut, Ehelosigkeit und Gehorsam geloben.
Dann trägt sie auch einen neuen Namen, als sichtbares Zeichen für das neue Leben. Vreni darf drei Vorschläge machen. Die Priorin sucht darunter jenen Namen aus, den Vreni als Klosterfrau tragen wird. Stets aber ist der Name gekoppelt mit jenem der Mutter Jesu: Maria.
Bei der Profeß-Feier erhält die junge Schwester einen Ring als sichtbares Zeichen ihrer „Vermählung" mit Gott. Drei Jahre bleibt die junge Profeß-Schwester noch im Noviziat. Erst dann legt sie die ewigen Gelübde ab. Von diesem Tag an gibt es für sie kein Zurück mehr.
Das ist noch ein weiter Weg für Vreni. Unter der Ikone und dem großen Kruzifix an der Wand hat sie eine Kerze entflammt, deren Schein sich in der goldenen Patina des Marienbildes spiegelt. Auf dem blauen Teppich liegen zwei Gebetsschemel. Die Kandidatin wartet auf Schwester Maria Andrea. Zusammen mit der Novizenmeisterin des Klosters will sie meditieren.
„Unsere Lebensform mit den Gebeten, der Stille und den Meditationen kann einen Menschen ganz für sich einnehmen", hat die Novizenmeisterin gesagt. Vreni scheint dafür ein sichtbarer Beweis zu sein. Seit ein paar Jahren ist die Kirche zum Fixpunkt in ihrem jungen Leben geworden. „Wenn ich nicht jeden Tag in einer Messe war", sagt sie, „dann habe ich das Gefühl, mir fehlt etwas." Warum, so fragt Vreni, danken die meisten Menschen dem Schöpfer allen Lebens nicht für das, was sie von ihm erhalten? „Wenn uns jemand etwas gibt oder uns hilft, bedanken wir uns doch bei ihm auch", sagt sie, „in die Kirche aber gehen wir, wenn überhaupt, dann doch nur einmal in der Woche."
Das Bedürfnis, mehr zu danken, ergriff so sehr Besitz von ihr, daß sie dem täglichen Kirchgang sogar Freundschaften opferte. Wenn sie ein ums andere Mal Verabredungen verschob, weil die Glocken zum Dankgebet riefen, dann mußte sie schließlich erkennen: „Die Kirche stand oft zwischen mir und anderen."
Das ist ein wenig auch Anklage. Viele Pfarrer, erinnert sich Vreni, hätten es einfach nicht verstanden, mit den Jugendlichen zu reden. Ihre Freunde, die nicht wie sie durch die Eltern in die Kirche mitgenommen wurden, standen stets abseits. „Die Pfarrer haben für sie oft einfach keine Zeit", macht Vreni als einen der Gründe dafür aus. Die Folge dieser Situation beschreibt Schwester Maria Andrea etwas theologischer: „Vielen jungen Menschen fehlt es am Glauben." Der aber ist der wichtigste Grundstein, um sich auf die klösterliche Lebensweise einzulassen.
„Glaube ist nicht beweisbar, sonst wäre er nicht, was er ist, das große Wagnis", hat Martin Buber in seiner Dankrede zur Verleihung des Friedenspreises des Deutschen Buchhandels 1953 definiert. Sich einzulassen auf etwas, was nicht zu beschreiben und schon gar nicht zu belegen sein wird, diese Entschlossenheit verlangt die Novizenmeisterin jetzt auch von Vreni. Denn sie muß sich während ihres Postulats und hernach als Novizin und Schwester immer wieder für das Prinzip Glauben entscheiden. „Wer sich darauf nicht einläßt, der läuft weg", so beschreibt Schwester Maria Andrea, indem sie den Hauptvorwurf aufgeklärter Rationalisten an die Mystiker einfach umdreht, den wohl zentralen Grundsatz für ein religiöses Bekenntnis.
Vreni will sich der Aufgabe stellen: 21 Jahre ist sie jung, schlank, mit dunkelblondem Schopf. Vermutlich war sie zu Hause beliebt, denn sie ist kein Kind von Traurigkeit. Eine Einzelgängerin war Vreni nie: Sie sang im Kirchenchor und engagierte sich in Umwelt- und in Dritte-Welt-Gruppen. „Und doch machten mir die Vergnügungen der an-

Bevor Vreni ins Kloster kam, leitete sie einen kleinen Lebensmittel-Laden. Jetzt lernt sie, den Webstuhl zu bedienen. Wo sie später im Kloster eingesetzt wird, ist noch unklar. Jede Schwester muß die Aufgabe übernehmen, die ihr die Priorin zuteilt.

deren nie so richtig Spaß", skizziert sie den kleinen Unterschied. Ob sie ausging mit Bruder und Schwester oder im Urlaub verreiste: „Ich war stets froh, wieder daheim zu sein."

Drei Zugstunden von Maria-Rickenbach entfernt wuchs Vreni auf dem Land auf. Die Eltern sind nicht sehr begütert. Die Tochter aber kann sich mit dem Geld, das sie als Verkäuferin verdient, ein Auto leisten.

Schon früh half sie dem Vater, der als Sakristan die Dorfpfarre betreut, vertrat ihn später, wenn er krank war. Sie war noch nicht ganz zwanzig Jahre alt, als sie mit dem Vater zu einer Wallfahrt aufbrach. „Die Messe dort hat mich sehr beeindruckt", sucht Vreni auch zwei Jahre nach diesem Erlebnis noch die passenden Worte: „Das hat mich mitgenommen", umschreibt sie das Gefühl, das in ihr den Entschluß reifen ließ, ins Kloster einzutreten.

Zeit der Zweifel: Obwohl Vreni sich so sicher ist, daß sie den Ruf ins Kloster gehört hat. War es richtig, sich in diesen eher kontemplativen Orden auf dem Berg zurückzuziehen, anstatt in der Welt zu missionieren? Die Entscheidung suchte das Mädchen wieder beim Beten: Gerade weil die alten Frauen in Maria-Rickenbach so lange keine junge Schwester mehr bei sich aufnehmen konnten, hat Vreni sich für die Bergklause entschieden. „Eine muß doch auch hier wieder einmal neu beginnen", sagt sie.

Zeit auch der Widerstände. In der Firma suchte der Chef sie mit dem Angebot zu ködern, sie würde Filialleiterin, wenn sie bliebe. Die Freunde rieten ab, die Familie versuchte sie umzustimmen. „Immer nur beten und arbeiten, das sei nichts für mich", lacht sie heute „über die ganz falschen Vorstellungen vom Kloster, die alle haben".

Auch da scheint Vrenis Situation nicht anders zu sein als jene fast aller Mönche und Nonnen. Berühmte Beispiele gibt es: Ein Biograph Martin Luthers etwa schildert das Fest, das der Magister am Abend des 16. Juli 1505 mit Freunden feierte, ehe er ins Erfurter Augustiner-Kloster ging. Die Freunde wollten auch ihn umstimmen. Den Eltern hat Luther vorsichtshalber erst gar nichts erzählt. Seinen Schritt teilte er ihnen in einem Brief mit.

„Diesen Weg alleine zu gehen", das fällt Vreni schwer. Auch wenn sie sich selbst Durchhalte-Vermögen attestiert und ja ganz bewußt hier heraufgezogen war, Vreni fehlen die gleichaltrigen Gesprächspartnerinnen. Daran ändert auch nicht viel, daß die jüngste der Schwestern noch einmal mit ins Noviziat zog, damit Vreni in den Räumen nicht so allein sei. Andererseits macht

Die kleinen Kätzchen im Klosterhof hat nicht nur Schwester Maria Scholastica gern. Den Tieren widmen die Frauen viel Zeit und Liebe.

die Postulantin hier eine ganz neue Erfahrung. „Ich hätte früher nie geglaubt, daß ich mit den älteren Schwestern so viel lachen könnte", sagt sie zum Beleg dafür, daß es hinter Klostermauern jene Schranken nicht gibt, die draußen die Generationen scheiden. Obwohl sie in ihrer Heimatgemeinde für den Pfarrer kochte und in der Altenpflege aushalf, war ihre Mitsprache doch nie richtig gefragt, erinnert sich Vreni. Erst im Kloster wird das, was die 21jährige tut, von allen akzeptiert.

Jahre der Prüfung. Verzichten sei ihr nicht schwer gefallen, sagt Vreni. Vielleicht, scherzt sie sogar, habe die Familie sie nur deshalb so ungern ins Kloster ziehen lassen, weil sie dann ja nicht mehr mit ihrem Auto fahren konnte. Ihr jedenfalls fehle das Vehikel keinesfalls.

Nur ihre Tiere. Vreni schluckt, als die Sprache auf die Tiere kommt. Ihre Augen werden wäßrig. Die Katzen, die im Klosterhof tollen, können die Lieblinge zu Hause kaum ersetzen.

Diese Tiere: Nicht nur Vreni hat eine so innige Beziehung zu ihnen. Auch viele der älteren Schwestern nutzen jede Gelegenheit, mit den putzigen Fellknäueln zu schmusen. Als im Kloster-Seminar noch die Kinder aus dem Dorf und dem Internat die Schulbank drückten, da konnten die Frauen ihre Liebe und Zuneigung diesen Mädchen und Buben widmen. Aber seit die Klassenzimmer verwaist sind, bleiben ihnen nur die Katzen.

Auch dies aber ist Teil des Lernprogramms. Verzicht und Gehorsam sind jene Vokabeln, die den Menschen draußen das Leben im Kloster so unerträglich erscheinen lassen. „Gehorsam ist etwas Schweres", räumt auch die Novizenmeisterin ein, die Klosterfrauen sehen darin jedoch keinesfalls ein Strafe. „Das zwingt uns nur immer wieder, uns darauf zu besinnen, warum wir hier sind", sagt die Novizenmeisterin.

Das gesamte siebente Kapitel seines Regelwerkes hat Benedikt von Nursia der Demut gewidmet. In zwölf Stufen muß der Mönch sich den Weg dorthin erarbeiten, getreu dem Bibelwort: „Jeder, der sich selbst erhöht, wird erniedrigt, und wer sich selbst erniedrigt, wird erhöht." „Es gilt, auch Queres

Auf der Suche nach dem Licht: Die Meditations-Stunden zusammen mit der Novizenmeisterin sollen der Kandidatin Vreni helfen, sich voll und ganz einzulassen auf die Erfordernisse des klösterlichen Lebens. Denn dies ist nicht immer leicht. „Es gilt, auch Queres durchzustehen", lehrt Schwester Maria Andrea, „denn gerade dabei kannst du die Hilfe Gottes spüren."

durchzustehen", lehrt Schwester Maria Andrea ihre Schülerin eine ihrer wichtigsten Erfahrungen, „denn gerade dabei kannst Du die Hilfe Gottes spüren."
Das ist wohl die schönste Belohnung für die Entbehrungen des klösterlichen Lebens. Alle Schwestern haben es auf die unterschiedlichste Weise erfahren, jede auf ganz eigene Art erlebt. Doch ihre Beschreibungen haben allesamt denselben Kern. Als Vreni und die Novizenmeisterin versuchen aufzuschreiben, was Gott ist, erkennen beide rasch, daß er sich nicht mit Begriffen aus unserer menschlichen Vorstellungswelt fassen läßt. Gott läßt sich nur erleben, sagen die Schwestern.
Um diese Hilfe Gottes zu spüren, muß die Kandidatin ihn jedoch erst finden. Sie sucht mit Hilfe der Novizenmeisterin im Licht der brennenden Kerze. Wie das Dämmerlicht vor dem Fenster verblaßt, scheint die Flamme unter der Ikone heller zu leuchten. Ihr leichtes Flackern läßt den Schatten zittern, den die beiden reglos sitzenden Frauen an die Wand werfen. Allmählich lösen sich im Zimmer alle Konturen auf. Nur das Licht der Kerze bleibt als Orientierungspunkt für die Augen.
Still sitzen die Schwester und ihre Schülerin. Allenfalls die rascher werdenden Atemzüge, so scheint es, zeugen von den inneren Kämpfen, die sie im Gebet durchleiden. Auf der Suche nach dem Licht.
Es ist der Vorabend des Erscheinungsfestes. Die Meditationsstunde endet mit einem Gebet der Novizenmeisterin: „Wer Dich findet, Herr, der muß sein Leben ändern." Vreni will es wagen.

Die Priorin oder: Wer vor der Welt flieht, wird im Kloster scheitern

Ein Gespräch mit der Oberin des Klosters Maria-Rickenbach. Auf die Frage, ob das Klosterleben noch zeitgemäß sei, antwortet sie: „Es ist eben ein alternatives Leben."

Die „moderne Unzeitmäßigkeit" der Orden bleibt nicht nostalgisch in einer versunkenen Welt stecken. Ebenso geht sie nicht auf in einer blinden Anpassung an die üblichen Normen der bürgerlichen Gesellschaft.
Walter Ludin

Damit der Chorgesang zum Lobpreis des Herrn auch schön klinge, übt Schwester Maria Dominika, die Priorin von Maria-Rickenbach, regelmäßig mit den Schwestern.

Klostermauer. Das Wort hat den falschen Unterton. Denn Mauern trutzen denen draußen, jene drinnen schotten sie ab. Und je mehr Steine für ihren Bau auf- und nebeneinandergeschichtet sind, desto eher schimmert hinter einer Mauer auch stets die Angst durch. Die Grenzsteine eines Klosters markiert deshalb ein schönes altes Wort viel treffender: Einfriedung.

Nicht trennen nämlich, nicht teilen in draußen und drinnen sollen diese Zäune. „Die Klostermauern“, schreibt Walter Ludin im Auftrag der Vereinigung der Höheren Ordensobern der Schweiz in einer Vorstellung des Klosterlebens, seien noch nicht einmal dazu da, den Schwestern und Brüdern „bequeme Ruhe zu verschaffen“. Wer hinter diesen Mauern lebt, der soll sich nicht zurückziehen. Und schon gar nicht von der Welt. Dieser Frei-Raum ist ihm nicht umsonst gegönnt: Er ist das Experimentierfeld, auf dem nach Wegen, die aus mancher Sackgasse führen können, zu suchen ist.

Die drei Gelübde weisen die Richtung: Armut, Ehelosigkeit und Gehorsam. Ihre moderne Definition soll zugleich Gesellschaftskritik und Wegweiser aus der Gefahr sein. Die Armut ist Protest gegen die Diktatur des Konsums. Die Ehelosigkeit verpflichtet zur Solidarität mit den Menschen und fordert zum Einsatz für Frieden und Gerechtigkeit auf, ohne daß Rücksicht auf die Familie zu nehmen ist. Der Gehorsam verlangt nicht Befehlsausführung, sondern aktives Handeln in Eigenverantwortung.

Kein leichter Auftrag. Schwester Maria Dominika haben die Benediktinerinnen von Maria-Rickenbach vor 15 Jahren zur Priorin gewählt. Gemeinsam mit der Subpriorin und den Ratschwestern organisiert und führt sie das Haus der 34 Frauen. Weit mehr noch aber als das wirtschaftliche Überleben der kleinen Bergklause beschäftigt die Mutter Priorin, daß nur noch äußerst selten junge Frauen den Weg in die klösterliche Gemeinschaft suchen und finden.

Hat das Kloster als Lebensform keine Zukunft mehr? Oder könnte es im Gegenteil gerade ein Vorbild sein?

Sr. M. Dominika: Ich glaube, wir denken überhaupt nicht daran, Vorbild zu sein. Ein gutes Kloster wirkt in die Welt, ohne daß es darauf ausgeht. Allein schon durch die Kraft des Gebets. Wir beten ja nicht für uns. Wir sind nur so etwas wie ein Kanal für die Güte Gottes. Durch uns soll die Gnade in die Welt kommen.

Ora et labora – das Gebet ist durch die Regel Benedikts neben der Arbeit zum zentralen Orientierungspunkt Ihres Lebens erklärt. Sie schreiben ihm nun eine wichtige Rolle auch für das Wirken

des Klosters nach draußen zu. Welche Bedeutung hat für Sie das Beten?
Sr. M. Dominika: Das Gebet ist die Grundlage unseres Lebens. Ohne Gebet wird das geistliche Leben zum Leerlauf. Es gibt verschiedene Formen des Gebets. Da sind die vorgegebenen Texte, etwa der Psalmen, die wir im Chor miteinander beten.
Im Kloster aber hat man sehr oft einfach das Bedürfnis, still bei Gott zu sein. Mir jedenfalls geht das so. Dann bin ich froh, wenn ich kein Buch nehmen und die zum Teil schwer verständlichen Psalmen beten muß. Dann will ich nur still werden und wissen, Gott ist da.
Besteht nicht durch das häufige Beten die Gefahr, daß das Gespräch mit Gott zu einem Ritual abstumpft, bei dem der Inhalt nicht mehr wichtig ist?
Sr. M. Dominika: Im Chor ist die Gefahr sicher groß, daß es ein mechanisches Beten wird. Dann aber wird man von der Gemeinschaft getragen. Ich bin ja keine Einzelstimme, sondern wir sind alle zusammen eine Stimme. Das zu wissen hilft, wenn ich einmal müde bin ...
Beten und arbeiten. Ist ein Leben zwischen diesen Polen denn heute noch zeitgemäß?
Sr. M. Dominika: Ich glaube schon. Man spricht immer von alternativem Lebensstil. Und ich finde, das haben wir hier ja. Zumindest leben wir ziemlich anders als die Leute draußen.
Stichwort „alternatives Leben“. Warum, glauben Sie, finden so wenig junge Leute den Zugang zu Ihnen, wo doch neue Lebensformen gesucht werden?
Sr. M. Dominika: Ich denke, es fehlt vielen am Glauben. Den braucht es, um im Kloster bestehen zu können.
Kann ich zu diesem Glauben im Kloster finden?
Sr. M. Dominika: Den Glauben müssen Sie bereits mitbringen. Man wird ja von Gott ins Kloster gerufen. Fragen Sie aber bloß nicht: wie? Das spürt man einfach. Ich zum Beispiel habe schon als Kind immer gesagt: Ich gehe ins Kloster. Es ist komisch, diese Lebensart zog mich an.
Kann es aber nicht auch eine falsche Faszination sein? Ist Klosterleben bei manchen nicht bloß Flucht vor der Welt?
Sr. M. Dominika: Das ist sicher nicht so. Wie soll denn jemand, der vor Problemen wegläuft, in der klösterlichen Gemeinschaft bestehen können?
Also braucht es in jedem Fall eine gewisse menschliche Reife, um sich fürs Kloster zu entscheiden?
Sr. M. Dominika: Ich war 19 Jahre alt, als ich von zu Hause weg wollte. Da sagten meine Eltern, ich müsse noch ein paar Jahre warten. Heute bin ich froh darüber, obwohl sich am Entschluß ja nichts geändert hat. Aber ich wäre vielleicht in einen Orden eingetreten, in dem ich auf Dauer nicht so zufrieden gewesen wäre. Damals ging ich zuerst einige Zeit nach England und trat mit 28 in den Orden ein. Da weiß man dann schon, was man will.
Das Klosterleben verlangt die Einordnung in eine Gemeinschaft. Inwieweit kann die Schwester da ihre eigene Persönlichkeit behalten, oder muß sie das eigene Ich ganz aufgeben?
Sr. M. Dominika: Das eigene Ich muß sich der Gemeinschaft unterordnen, darf aber und kann sich entfalten. Wir haben auch Originale im Kloster, die sich, wie ich glaube, sehr gut entwikkeln können. Schwierig kann es für eine Schwester werden, wenn sie von der Oberin an einen anderen Arbeitsplatz versetzt wird. Das habe ich selbst wenigstens so erlebt. Als Kandidatin mußte ich im Klosterladen verkaufen, und das habe ich, ehrlich gesagt, nie gern getan. Wir müssen die uns zugewiesenen Aufgaben übernehmen. Aber unsere Regel sagt klar: Wir sollen die Oberen aufmerksam machen, wenn wir uns an einem zugedachten Platz für unfähig halten. Heute sehe ich dies aus Sicht der Oberin: Da schaue ich schon von vornherein, wer welche Fähigkeiten hat. Wann immer es geht, versuche ich die Schwestern so einzusetzen, daß sie sich dann auch wohl fühlen.
Ein- und Unterordnen heißt stets auch Opfer bringen. Verlangen Sie nicht ab und an zuviel Verzicht auf Dinge, die den Menschen wichtig sind?
Sr. M. Dominika: Was bringen wir für Opfer?
Speziell junge Leute, die draußen reisen, Geld haben oder eine Familie gründen könnten, die müssen im Kloster solchen Dingen entsagen.

Ununterbrochen seit 1857 beten die Schwestern im Kloster Maria-Rickenbach die sogenannte „Ewige Anbetung“. Stündlich wechseln sie sich ab bei diesem Gottes-Dienst rund um die Uhr. „Im Kloster hat man einfach oft das Bedürfnis, nur still bei Gott zu sein, nur zu wissen, er ist da“, sagt die Priorin.

Schwester Maria Christina schneidet Blumen im Garten. Der farbenfrohe Strauß soll die Kirche festlich schmükken. Überall im Kloster bringen Blumensträuße Farbtupfer in die Räume.

Sr. M. Dominika: Wissen Sie, irgendwie spüren wir das gar nicht so sehr als ein Opfer. Das ist doch draußen ganz genauso: Wenn zwei Menschen sich lieben, dann ist es für sie, wenn sie deshalb auf etwas anderes verzichten, auch kein Opfer. Bei uns ist zudem am Anfang, wenn man ins Kloster geht, die Freude, berufen zu sein, meistens so groß, daß alles eine andere Wertordnung bekommt. Natürlich, das frühe Aufstehen fällt schwer. Aber daran gewöhnt man sich rasch.

Und dann: Wie viele Mütter verzichten denn nicht ganz selbstverständlich auf viele Dinge zugunsten ihrer Kinder. Ich denke, es ist eher ganz andersherum. Draußen verzichten Sie auf vieles, was wir hier im Kloster haben. Die Geborgenheit: Wir werden ganz selbstverständlich auch in Krankheit und Alter umsorgt. Wir brauchen vor der Zukunft keine Angst zu haben. Auch im Alltag sind wir die Sorgen los: Essen, Kleidung und ein Dach über dem Kopf sind für uns selbstverständlich.

Wir können viele materielle Sorgen, die Sie draußen haben, ablegen und sind dadurch frei für das Gebet.

Dennoch haben es viele, die ins Kloster wollen, nicht leicht. Oft versucht die Familie oder versuchen Freunde, sie davon abzubringen.

Sr. M. Dominika: Das ist tatsächlich fast in jedem Fall so. Und es hängt wohl damit zusammen, daß die Leute sich einen falschen Begriff vom Kloster machen. Wir sind ja nicht etwa ein Gefängnis, und wir sind keinesfalls eingesperrt.

Auch bei mir haben es nicht alle gleich akzeptiert. Aber ich war wohl ohnehin zu entschlossen, als daß ich mich hätte noch abbringen lassen.

Trotz dieser anfänglichen Entschlossenheit: Gibt es in einem oft viele Jahrzehnte währenden Klosterleben irgendwann Zweifel, ob der Weg der richtige war?

Sr. M. Dominika: Zweifel gibt es am ehesten in einer etwas anderen Fragestellung. Nämlich, ob die gewählte Form des Klosterlebens die richtige war. Manchmal sehnt sich eine Schwester, die in einem eher aktiven, karitativen Orden ist, nach mehr Kontemplation. Und umgekehrt.

Die Priorin des Klosters Maria-Rickenbach: Schwester Maria Dominika hat diese Orgel extra ins Musikzimmer bauen lassen, damit sie beim Üben die in der Kirche betenden Schwestern nicht stört.

Aber natürlich wird es auch vorkommen, daß eine Schwester sich irgendwann sagt: Ich hätte doch besser in der Welt bleiben, heiraten und Kinder haben sollen. Den Weg aber bereuen? Das glaube ich nicht. Natürlich gibt es Strecken, die einem schwerfallen. Zeiten, in denen man sich von Gott verlassen fühlt. Aber da muß man sich durchbeißen. Und ich denke, draußen gibt es auch dunkle Wegstrecken.

Fühlen sich also auch Klosterfrauen verlassen von Gott?

Sr. M. Dominika: Es gehört zum Weg mit Gott, daß wir das Gefühl haben, nichts mehr zu spüren. Oder daß einem das Gebet nichts mehr sagt. Auch wir können nicht nur immer in Freude und Glück leben. Da ist jede dann froh, daß die Gemeinschaft ihr Halt gibt. Auch und gerade im Gebet. Wenn ich selbst fast nicht mehr fähig bin, mit Gott zu reden …

… dann hilft Ihnen die Gemeinschaft?

Sr. M. Dominika: Die hilft ganz sicher. So viele alte Schwestern sind ein gutes Vorbild. Sie gehen treu ihren Weg, Tag für Tag. Und ich muß mir sagen: Dann kann ich das mit Gottes Hilfe sicher auch.

Der Spiritual oder: Gratwanderung zwischen Glauben und Wissen

Ein Portrait Pater Werners. Der Priester ist ins Schwesternkloster abgeordnet, um den Nonnen die Messen zu lesen und mit ihnen die Eucharistie zu feiern. Der promovierte Altphilologe ist mit seinen 74 Jahren ein wacher Geist, der manche kirchliche Tradition recht kritisch bewertet. Nicht immer ohne (auch inneren) Konflikt.

Es wird davon abhängen, welche Stelle in der Werteskala des Urteilenden jene Ziele von Religion und Kirche einnehmen, um derentwillen der Verzicht auf manch „Menschliches" gefordert wird.
Heinz-Joachim Fischer

Pater Werner dreht jeden Tag seine Runde im Hof vor dem Pfarrhaus im Kloster. Beim Lesen im Brevier schöpft der Geistliche jene Kraft, die er für seine Aufgabe braucht.

Zwölf Schritte mißt der Hof: von der Tür des Pfarrhauses bis zu dessen Ecke. Dort mündet der Weg ein, der linker Hand abbiegt und steil zu dem kleinen Friedhof hinauf und zum Tor in der Klostermauer ansteigt.

Nur zwölf Schritte hin. Und wieder zurück. Und doch ist dort Raum genug für den Wanderer zwischen den Welten. Nicht Zerstreuung ist das Ziel seiner Spaziergänge. Pater Werner mißt seine Strecke nicht in Metern, denn viel weiter als die Beine eilen die Gedanken. Die Pelerine über der Schulter ersetzt, da die Sonne Ende Oktober hier oben in den Bergen von Rickenbach bereits an Kraft eingebüßt hat, dem Mönch die Wärme, wenn er vor dem Haus seine tägliche Runde dreht. In der Hand hält der Priester ein Buch, aus dem die Lippen lautlos lesen.

„Der weiche Gang geschmeidig starker Schritte,/ der sich im allerkleinsten Kreise dreht,/ ist wie ein Tanz von Kraft um eine Mitte,/ in der betäubt ein großer Wille steht." Welche Ähnlichkeit der alte Mann in der Soutane doch mit dem Panther hat, der Rilke im Jardin des Plantes von Paris zu seinem berühmten Gedicht inspirierte. Ohne Pause und doch ohne jeden Anflug von Eile zieht der Priester auf dem gepflasterten Karree seine Kreise, das Brevier in der Hand und das Gebet im Herzen. Und je länger er so wandelt, desto weiter entfernt er sich von dieser Welt. Fast hat es den Anschein, als verkehrten sich für den Pater mit jedem weiteren Psalmenvers innen und außen: Er ist der ruhende Pol, um den sich alles dreht. Hier in der Sonne schöpft er aus dem Glauben jene Kraft, die ihn die Last der Arbeit in der Stube tragen läßt, auch wenn sie ihm so manches Mal fast zuviel abzuverlangen scheint. Führt sie den Doktor der Altphilologie doch häufig auf jenen schmalen Grat, auf dem es den Theologen schwindelt.

„Kommen Sie nur", lädt er ein und streut dabei zwischen die Worte kleine Pausen, als müsse er über die passende Fortsetzung seines Satzes erst noch ein wenig nachdenken. Hinter der Brille kneift er wechselweise die Augenwinkel zusammen. „Sie haben mich sogleich bei meinen Lastern erwischt." Die drei kleinen, dunklen Zimmer seiner Wohnung sind der Traum des Humanisten, eine mit Büchern tapezierte Studierkammer mit dem heimeligen Durcheinander, unter dem vermutlich ein Tisch begraben ist. Aber nirgendwo läßt sich erahnen, wo die Sünde im Pfarrhaus wohnen soll.

Pater Werner schiebt die Pfeife neben der Schreibmaschine unter ein Predigtmanuskript. Dann dreht er an der Stereoanlage die Musik leiser: „Sehen Sie,

Die Studierstube des Priesters: Der promovierte Altphilologe ist ein Freund und Kenner guter Bücher. Die wissenschaftliche Arbeit aber bringt den Mönch immer wieder in die Zwickmühle zwischen Wissen-Wollen und Glauben-Müssen.

die beiden Dinge gönne ich mir.“ – Tabak und klassische Musik. Und, ja, ab und zu eine Reise. Davon kann der 74jährige dann so schwärmerisch erzählen wie die jugendlichen Interrail-Tramper, die ihn auf seiner zweitägigen Zuckeltour von Münchens Hauptbahnhof auf die Peleponnes begleitet haben. Oder er stimmt gar das Loblied auf noble Limousinen an und erinnert sich dabei an einen Ausflug mit dem Mercedes auf die Hügel des Apennin, zu dem er einst eingeladen worden war. Sein Begleiter wünschte Hilfe beim Koffertragen und bei der Verständigung in italienischer Sprache. Da, sagt der Mönch und bittet sogleich um Vergebung für den Gedanken, habe er jene Leute verstehen gelernt, die zeitlebens auf ein schönes Auto sparen.

„Und im vergangenen Jahr bin ich nach Lourdes gepilgert.“ Damit rundet er die kurze Aufzählung seiner kleinen Freiheiten schmunzelnd ab und zeichnet mit dem ausgestreckten Arm einen großen Kreis in die Luft. Der läßt erahnen, wie viele Wege von den Schweizer Bergen in den Wallfahrtsort der Pyrenäen führen: „Natürlich nicht auf direktem Weg.“ Mit der Bahn läßt es sich in Frankreich bequem reisen.

Kleine Fluchten. Nach über fünfzig Jahren strenger Zucht als Mönch sei’s ihm gegönnt. Immer hat er sich dreingefügt, wenn der Abt seines Klosters in Engelberg ihn losschickte, weil irgendwo eine Lücke zu stopfen war. Nicht immer ist er freudig gegangen, nicht selten hat ihn der neue Auftrag aus einer Gemeinschaft herausgerissen, in der er sich gerade eingerichtet hatte. „Und obwohl wir das Recht dazu haben“, sagt er, „ging ich nie zum Abt und bat um Aufschub.“ In solchen Stunden ist ihm klar geworden, was es heißt, Mönch zu sein: „Wenn der Herr dich ruft, wird er wissen, wozu es gut ist.“ Das war ihm stets Grund genug. Und daß dies reichte, um die eigene Lebensplanung daran auszurichten, dessen ist er sich sicher: „Ich habe es nie bereut.“

Er hat auch nicht gemurrt, daß er die alten Sprachen, denen seine Leidenschaft galt, erst studieren durfte, als die Kommilitonen ihn Großvater nennen konnten. Und auch nicht, als er im Pensionsalter den Auftrag erhielt, als Spiritual hierher nach Maria-Rickenbach zu gehen.

Bei aller Bescheidenheit: Nun genießt er seine Stellung insgeheim ein wenig als Entschädigung für die Entbehrungen und vielleicht auch als verdiente Belohnung. In der Frühe zelebriert er die Eucharistie. An Festtagen liest er die Messe, er nimmt Beichten ab und steht bereit, wenn die Schwestern das

Gespräch mit dem Priester suchen. Dafür umsorgen sie ihren Pfarrherrn. „Deshalb mußte ich mir“, wird Pater Werner nachdenklich, „auch schon tüchtig den Kopf waschen lassen.“ Zwei junge Frauen aus Berlin, die ein paar Tage im Kloster eingekehrt waren, hießen ihn einen Pascha, weil er sich bei Tisch hofieren ließ. Das hat ihn an einem Punkt getroffen, der den eigentlichen Zwiespalt seines Lebens deutlich markiert: Denn die Debatte um die Stellung der Frau in der Kirche zeigt den Konflikt, den sein analytischer Geist immer wieder mit den Vorgaben aus Rom ausficht. Und der seinen Lebenslauf an so mancher Stelle in ganz ähnlichen Worten beschreiben läßt, wie sie in einer Biographie Martin Luthers zu lesen sind. „Der Herrgott geht greulich mit den Leuten um“, hat der Magister und Erfurter Augustiner-Mönch sich einmal beklagt und zur Antwort erhalten: „Wenn er ihnen nit so tät, wie könnt er die harten Köpf sonst dämpfen?“

Pater Werner weiht Kräuter: Jedes Jahr segnet er die Ernte der Schwestern. Eine Prise dieser besonderen Kräuter geben die Ordensfrauen in jede Teemischung.

Jeder Pfarrer braucht eine Hilfe. „Je ernster er seine Pflichten als Seelsorger nimmt, desto mehr“, begründet Pater Werner sein Verständnis vom Priestertum und verteidigt sich so gegen die feministischen Anwürfe, „denn daß wir uns nur ein schönes Leben machen, das bestreite ich.“ Und obwohl er es als eine Wohltat empfindet, wenn die Rikkenbacher Schwestern ihm den Haushalt in Schuß halten, ist er beileibe kein Anhänger jener Kirchenleute, die sich vehement dagegen stemmen, den

Die Schwestern empfangen die heilige Kommunion: Der Priester hat seine Aufgabe im Kloster erst in einem Alter übernommen, in dem andere sich in den Ruhestand zurückziehen. Jetzt zelebriert er jeden Morgen vor sieben Uhr eine Eucharistie-Feier.

Frauen in der Kirche eine andere Rolle als die der Haushälterin anzubieten.
Frauen in der Kirche: Das ist eines jener Themen, die den Pater in Konflikt mit dem bringen, was er beim Tischgespräch ungeschützt „den Geist der Kurie“ nennt. „Ich war mein Leben lang Altphilologe und als solcher auch Historiker“, sagt er wie zur Entschuldigung dafür, daß etwa die Entstehung patriarchalischer Gesellschaftsstrukturen für ihn zwar geschichtlich erklärbar, ihre Zementierung in die Zukunft aber keinesfalls mehr sinnvoll ist. Das Paulus-Wort, wonach die Frauen in der Kirche schweigen sollen, rechtfertigt für Pater Werner keinesfalls den gegenwärtigen Zustand. Bei der Auslegung solcher Bibelstellen hält er sich an Theologen wie Albert Schweitzer. Die warnen davor, den historischen Zusammenhang solcher Sätze auszublenden.
„Die Schwestern hier wollen sicher keine Priesterinnen“, glaubt der Pater zu wissen. Das würde eine trennende Hierarchie in ihr Zusammenleben bringen. Dennoch ist er davon überzeugt, daß die Zeit, in der Frauen die katholischen Kirchen mehr als putzen und schmücken dürfen, kommen wird. „Wir brauchen nur noch ein wenig Geduld“, appelliert er an die monastische Tugend. Seine Gewißheit schöpft er dabei erneut aus der Geschichte: Auch die sozialistischen Arbeiter hätten im vergangenen Jahrhundert lange vor den Kirchentüren ausharren müssen, bis die Priester sich ihrer als Gemeindeglieder erinnerten.
Weil er das nicht nur denkt, sondern auch sagt, muß er manchen Rüffel einstecken. Als Freigeist und nicht mehr katholisch haben sie ihn angegriffen, denn er will nicht einsehen, warum die in Jahrhunderten festgelegten und erstrittenen menschlichen Werte nicht auch von der Kirche als verpflichtend anerkannt werden. Und wer ihm zuhört, der bemerkt, wie er leidet, weil Rom sich gegen jegliche Öffnung in der Kirche massiv sperrt. So gesehen kann er durchaus als ein Muster-Mönch bezeichnet werden. „Tatsächlich waren die meisten Ordensgründer kirchenkritisch“, schreibt etwa Walter Ludin: „Sie liebten die Kirche, an der sie litten.“
Auch Pater Werner scheut die heiklen Fragen nicht. Er antwortet offen. Zum Thema Frauen: „Wenn wir glauben, wie es ist, soll es bleiben, machen wir einen schweren Fehler.“ Oder zum Thema Empfängnisverhütung: „Das kann kein Dogma sein, denn davon steht nichts in der Bibel.“ Und das gilt auch fürs Thema Zölibat: „Ich warne vor der Aufhebung der Ehelosigkeit, denn ein Priester kann nicht gleichzeitig seiner Familie und seiner Gemeinde dienen. Aber der Zölibat wird fallen.“
Das Mittagsmahl in der kleinen Stube neben der Klosterpforte dehnt sich, während die Gespräche über solche Themen die Ebene des anfänglichen Abtastens schon lange verlassen haben, bis weit in jene Stunde aus, in der Pater Werner normalerweise eine Ruhepause einlegt. Schwester Maria Stefania bringt den Kaffee und, weil Gäste mit dem Pater speisen, ein Gläschen Schnaps. Jeder Handgriff, mit dem sie ihn bedient, wird mit einem Dank quittiert, der mehr ist als bloße Formel.
Der Mönch und Priester findet am Disput Gefallen. Er nutzt die Gelegenheit, aus der Mahlzeit mehr zu machen als eine notwendige Stärkung für den Körper. Hier kann er auch den Geist laben. Denn das ist anders als bloße Lektüre. Pater Werner stillt seine Neugier an der Welt noch lieber im Gespräch als aus der täglichen Zeitung. Und was die Menschen draußen umtreibt, erfährt er viel lebendiger von ihnen selbst als aus Büchern.
Deshalb freut er sich so aufs gemeinsame Essen. In diesem Zimmer, das stets frische Blumen schmücken, am Tisch mit dem weißen Plastik-Tischtuch, öffnet er die Klausur. Hier bewirtet er mit Freude immer wieder Freunde und Kollegen, die im Bergkloster für ein paar Tage dem Gemeindealltag entfliehen wollen und als eine Art Preis dafür, ohne dies zu bemerken, dem Gastgeber den Gang der Welt jenseits der Mauer seines Klosters interpretieren helfen sollen.
Auf die Suppe verzichtet Pater Werner. Selten aber versäumt er es, die Schwestern vor den Gästen darauf hinzuweisen, daß sie ihm keinen Teller auftragen müssen. Da kokettiert er dann ein wenig mit dem Klischee des Mönchs-

bauchs und bricht auf diese Weise ganz geschickt die Distanz, die seine Stellung im Kloster zumindest bei den Laien unter den Gästen aufgebaut haben mag. Amt und Würden sind vergessen, nachdem Pater Werner, stehend und auf die Lehne des Stuhls gestützt, das Tischgebet für die kleine Gemeinschaft gesprochen hat. Während nun die Gäste ihre Teller auslöffeln, versäumt der Pater wenig Zeit, nach dem zu fragen, was ihn brennend interessiert.

Bei Tisch ist ihm kein Thema tabu. Da schweift sein Geist von Ost nach West. Er fragt nach Unternehmertum und neuer Armut. Die hohe Stirn unter dem schon schütteren Haar legt sich in Falten, die Augen blinzeln hinter dem Brillenglas. Mehr noch als seine Kommentare läßt diese Mimik die Anteilnahme des Paters an den Nachrichten und Analysen seiner Gesprächspartner ahnen. Wer ihn am Morgen in der Messe erlebt hat, wird dann staunen. Dort wirkt der Priester ein wenig hölzern. Die strenge Regel der Liturgie zwingt ihn in eine Schablone, von der er selbst nicht richtig weiß, ob sie heutzutage noch ansprechend ist für die Kirchgänger. Vor allem um die Jungen macht er sich dann Sorgen, die „doch so viel Abwechslung gewöhnt sind“. Wer aber 365 Tage im Jahr um Viertel vor sieben einen Gottesdienst zelebrieren soll, der läuft Gefahr, das sieht auch Pater Werner, daß die äußere Form nicht selten den Inhalt der Feier dominiert. Da nützt es manchmal sogar wenig, wenn er Nachmittage lang vor der kleinen Schreibmaschine sein Gedächtnis martert und um den richtigen Text zum Bibelwort ringt.

Das ist solch ein Punkt: Manchmal fürchtet er, daß die Priester mit derlei Problemen zu sehr allein gelassen sind. Da fragt er, ob sie gut genug vorbereitet wurden für ihre Aufgabe.

Kritisches Denken. Das zu beherrschen, sagt er und macht wieder kleine Denkpausen zwischen den Worten, während er die Serviette beiseite legt und damit das Ende der schon allzu lange ausgedehnten Stunde andeutet, sei für einen guten Priester die Grundvoraussetzung: „Wer die Wahrheit vom bloß schönen Gerede ohne sichere Grundlage nicht unterscheiden kann, wird nicht bestehen.“ So nimmt Pater Werner in Kauf, daß es gerade sein freier Geist ist, der ihm immer wieder harte Prüfungen abverlangt.

Schwester Maria Stefania bemuttert Pater Werner. Den Schnaps nach dem Essen genießt der Priester. Daß er von mancher Besucherin „Pascha“ betitelt wird, nimmt er gelassen: „Die Schwestern tun das doch gern.“

Er beschließt das Mahl mit einem Gebet. Und verabschiedet sich. Es scheint, als habe sich sein Blick ein wenig verfinstert, und wahrscheinlich ist jetzt die Zeit wieder da, daß er sich die Pelerine über die Schulter legt und mit dem Gebetbuch in der Hand in den Hof hinabsteigt.

Mit dem Gesagten und Gehörten muß er jetzt allein fertig werden. Das ist nicht immer leicht, und er wird lange mit sich ringen. Für den Benediktiner-Mönch aber gilt, was der Theologe und Journalist Heinz-Joachim Fischer über die strenge Ausbildung der Jesuiten schreibt: Die (auch wissenschaftliche) Stärke jenes Ordens sei aus der „glücklichen Konstellation“ zu erklären, die sich aus der Spannung zwischen den Qualitäten des individuellen Geistes und den vom Orden vorgegebenen spirituellen Idealen ergibt.

Pater Werner: Der Wanderer zwischen den Welten hat seinen Weg zwischen Glauben-Können und Wissen-Wollen gefunden. Nicht zuletzt auf der nur zwölf Schritte kurzen Bahn vor seiner Wohnung im Kloster Maria-Rickenbach.

Die Kräuterschwestern oder: Gottes Apotheke heilt nicht nur wunde Seelen

Wie die Nonnen in den Bergen allerlei Kräuter sammeln und daraus Tees, Tinkturen und Tropfen, Säfte, Salben oder Schnaps bereiten, in denen die Kraft der Natur sich mit dem Wissen der alten Heilkundigen verbindet.

Gott kann ja nicht direkt geschaut werden: Er wird vielmehr durch die Schöpfung erkannt.
Hildegard von Bingen

Was aussieht wie ein Betriebsausflug des Klosters, ist der Anmarsch zu einem harten Arbeitstag. Mit der Sesselbahn erklimmen die Schwestern von Maria-Rikkenbach den Haldigrat. Auf ihrem „Hausberg" grasen sie die Wiesen nach Kräutern ab. Den Tagesproviant bringen die Ordensfrauen im Rucksack mit.

Die Klinge blitzt in der Sonne, ehe das Schweizer Taschenmesser zuschnappt. Schwester Maria Christina läßt, als sie sich aufrichtet, den roten Griff in die beutelgroße Tasche ihrer Schürze plumpsen, daß die dünne Schnur zwischen dem Messer und der Schlaufe des Schürzenträgers sich spannt. „Kommen Sie, Mutter Subpriorin", ruft die Schwester über die Bergwiese hinüber zu den zwei Frauen, die sich tief gebückt am Hang abstützen, mit ihren Messern Kräuter schneiden und sie in die Taschen stopfen. Schwester Maria Christina stemmt die Hände in die Hüften, um die beim Kräutern steif gewordene Wirbelsäule etwas zurechtzubiegen, „kommen Sie auch, Schwester Gabriela, es ist Zeit zum Essen."
Mit dem sicheren Tritt derer, die in den Bergen zu Hause sind, klettern die drei Ordensfrauen den Wiesenhang hinauf. Auf einem felsigen Rücken, mit dem der Haldigrat wie mit einer Nase in das Tal von Rickenbach hinabschnuppert, lagern ihre Rucksäcke. Ihre Schürzen mit den prall gefüllten Taschen voller Frauenmantel und Muttern binden sie ab, streichen die schwarze Tracht der Benediktinerinnen sauber und sichten lachend den Proviant. „Die Küche hat es gut mit uns gemeint", verkündet Schwester Maria Christina. Sie angelt aus dem Rucksack einen Trockenspirituskocher, Eier, Brot und ein Marmeladenglas voller Tomatenscheiben.
„Vor dem Essen aber wollen wir noch beten", unterbricht Schwester Maria Goretti, die Subpriorin des Klosters Maria-Rickenbach, die Vorbereitungen der kleinen Gemeinschaft. Sie reicht einer der Schwestern ein Buch. Das Haupt gesenkt, die gefalteten Hände auf den Rock gelegt, singen die Schwestern die Psalmen des mittäglichen Stundengebets und lauschen dem Bibelwort zum Tag.
Ora et labora – Gebet und Arbeit: Wo könnte der Sinn eines Lebens unter diesem Spannungsbogen, den Benedikt von Nursia vor gut 1500 Jahren allen Nonnen und Mönchen als Aufgabe ins Stammbuch geschrieben hat, besser erkannt werden denn hier, wo die Arbeit trotz ihrer Mühsal keine Last und ein Gebet auf den Wiesen des Haldigrat Dank nicht nur für die bevorstehende Mahlzeit, sondern gleichsam für das mit allen Sinnen fühlbare Erlebnis Natur ist.
Für jene der 34 Schwestern im Bergkloster Maria-Rickenbach jedenfalls, die regelmäßig oder auch nur ab und an die Umfriedung ihrer Klause hinter sich lassen dürfen, um auf den Wiesen der umliegenden Berge nach Blüten und Blumen zu suchen, ist das Kräutern weit mehr als nur ein Broterwerb. Au-

Mittagspause in den Bergen: Die Schwestern wollen auf einem Gratvorsprung Spiegeleier brutzeln. In ihr Tischgebet schließen sie auf den Kräuter-Touren in solch herrlicher Umgebung dann auch stets einen Dank für die Schönheit und den Reichtum der Natur ein.

ßerhalb der Klostermauer genießen sie ein Stück Freiheit, wenn sie ihren Tagesplan nicht ganz so penibel am strengen Termin der Gebetsstunden ausrichten müssen oder wenn das Gebot des Schweigens gegenüber Gästen, die immer wieder beim Kräutern helfen, gelockert ist.
Hier oben scherzen sie. Und lachen. Oder singen. Die Schwestern schwatzen und erzählen. Wer sie beim Kräutern begleitet, darf sich inmitten dieser Frauen auch schon einmal fühlen wie in Begleitung einer Mädchenklasse auf dem Schulausflug. Wie sie sich nach dem Amen um die blecherne Pfanne mit den Spiegeleiern drängen! Mit welch ausgelassener Freude sie die Orangenschnitze und den Joghurt zum Nachtisch teilen!
Aber auch: Mit welcher Begeisterung sie eine seltene Blüte bestaunen! Jetzt wird klar: Was das Kräutern zum Geschenk für die Schwestern macht, ist nicht ein Weniger an Pflichten, es ist das Mehr an Eindrücken. Hier blühen Blumen und duften Kräuter, Grillen zirpen und Vögel zwitschern. Vom Tal herauf rauscht der Bach, und über den Grat treibt der Wind die Wolken. All das nehmen die Schwestern von Maria-Rickenbach als sichtbares Zeichen für die Vollkommenheit der Schöpfung. „Das hat uns die heilige Hildegard gezeigt", sagt Schwester Maria Felizitas, die seit Jahren die Arbeit in der Kloster-Kräuterei organisiert.
Das Werk dieser Seherin des 12. Jahrhunderts gewinnt für viele Naturheilkundler wieder verstärkt an Bedeutung. Ihre Visionen beschrieb sie in dem dreibändigen Werk „Scivias" („Wisse die Wege"). Hildegard von Bingen (1098–1179) hat ihre Vorstellung von der Schöpfung und der Erlösung der Welt mit Hilfe des Mönches Volmar im Jahre 1141 niedergeschrieben. Die Äbtissin erklärte nicht nur Zusammenhänge des Weltgeschehens, sie legte mit ihrem Buch auch ein medizinisches Grundlagenwerk vor, in dem sie den einzelnen Elementen und Geschöpfen eine spezifische Bedeutung und (Heil-)Kraft beimaß.
Hinter allem steht der Grundgedanke, daß die Natur auch in den kleinsten Einzelheiten die Größe ihres Schöpfers erahnen lasse. Was der Mediziner und Philosoph Professor Heinrich Schipperges über den Kern der Schriften der Hildegard von Bingen schreibt, mögen die Schwestern auf ihren Sammeltouren wohl ganz ähnlich empfinden: „Alle Erscheinungen der Welt sind zum lebendigen Zeugnis göttlicher Herrlichkeit geworden: die Schönheit der Gefilde und die Erhabenheit der Gebirge, die Schauer der Abgründe und

Die Hänge sind steil, die Böden sind mager. Aber die Ernte der Schwestern ist reich. Schwer haben sie zu schleppen: In Leinensäcken transportieren die Kräuter-Nonnen zu Tal, was sie auf den Wiesen geschnitten haben.

das Grünen in Wurzeln und Blatt, die Leuchtkraft der Gestirne und der Glanz der Gezeiten, die Folge der Generationen, aber auch die Widersprüche des Lebens, die Krisen der Existenz, das Krankwerden und Sterben – alles das meint sich selbst und noch einen wesentlich innigeren Sinn, der uns mitgeteilt und vermittelt werden soll."

Jeder Handgriff ist einstudiert. Sind die großen Taschen ihrer Schürzen mit Kräutern gefüllt, packen die Schwestern ihre Ernte in Säcke um. Dabei helfen sie sich gegenseitig, damit kein Hälmchen auf die Erde fällt und unnütz abgeschnitten wäre.

Kräutern im Kloster Maria-Rickenbach: Heute ist die Arbeit auf den Wiesen über dem Engelberger Tal eine der wirtschaftlichen Säulen dieser Schwestern-Gemeinschaft. Als im Sommer 1857 die Benediktinerin Schwester Maria Gertrud Leupi mit einer Handvoll Gefährtinnen den zweistündigen Fußmarsch von Dallenwil zur Wallfahrtskirche der „Mutter Gottes im Ahorn" von Niederrickenbach antrat, um eines der wenigen Häuser dort oben als Unterkunft anzumieten und ein neues Kloster zu gründen, da brachten die Frauen neben der Kleidung am Leib nur ein hölzernes Kreuz mit auf den Berg. Armut, Hunger und Krankheit prägten ihr Leben. Und das der rasch wachsenden Gemeinschaft.

Auf Reisen bis nach Süddeutschland mußten Schwestern immer wieder ein paar Franken fürs Überleben zusam-

Schwester Maria Gabriela schneidet „Muttern“. Das Taschenmesser ist dabei unentbehrlich. Die Schwestern achten jedoch stets darauf, einen Kräuter-Standort nicht völlig leer zu fegen. Immer lassen sie genügend Pflanzen stehen, um Nachwuchs zu garantieren.

Schwester Maria Felizitas streut gehäckselten Frauenmantel auf dem Dachboden zum Trocknen aus. In warmer und trockener Atmosphäre dörren die Kräuter schonend und behalten so ihre heilende Kraft. Sie dürfen niemals der prallen Sonne ausgesetzt werden.

menbetteln. Das dicke Bilanzbuch, das im Aktenschrank von Schwester Maria Scholastica noch heute archiviert ist, legt davon ein ebenso eindrückliches Zeugnis ab wie die Briefwechsel der jeweiligen Priorinnen mit den Schwestern in der Fremde.
Auch wenn sie nach ihrem Lebenslauf eher als umtriebige Frau erscheint: Das erste Anliegen von Schwester Maria Gertrud Leupi, die neben dem Schweizer noch zwei Klöster in Amerika aufgebaut hat, war keinesfalls ein aktives Dasein, sondern vielmehr ein stark kontemplativ ausgerichtetes Leben. Vita contemplativa – ganz im Sinne Thomas' von Aquin, der, wie Erich Fromm ihn zitiert, in einem Leben, das der inneren Stille und der geistigen Erkenntnis geweiht ist, „die höchste Form menschlichen Tätigseins" sah. Seit 1857 reißt daher die Stafette nicht ab, bei der die Schwestern sich in der Rickenbacher Klosterkirche zur „Immerwährenden Anbetung" ablösen. Jeden Tag, jede Nacht beten je zwei von ihnen im Stundentakt vor dem Tabernakel.
Hinter dieser Aufgabe treten noch immer alle profanen Arbeiten des Broterwerbs zurück. Auch wenn es den Schwestern in den über 130 Jahren gelungen ist, das Kloster zu einer nahezu autarken Insel zu machen: Schon nach zehn Jahren auf dem Berg war Geld genug vorhanden, um Land und Wald zu kaufen. Der Garten und ein paar Tiere sorgten für ein Auskommen.
In den Anfangsjahren des Jahrhunderts wuchs die Not erneut. Werkstätten wie die Weberei oder die Paramenten-Abteilung, die heute auf der Habenseite zu Buche schlagen, konnten die damals gut doppelt so viele Personen zählende Schwesternschar kaum ernähren. Zumal den Schwestern von der kantonalen Verwaltung als Vorbedingung für die Erlaubnis zum Klosterbetrieb die Zusage abgerungen wurde, in einem Pensionat bedürftige und lernschwache Kinder aus den Gemeinden von Nidwalden nicht nur mit geistiger Nahrung zu füttern. Die miserable Lebensqualität in den feuchtkalten Zellen des alten Klosterbaus und das rauhe Bergklima steuerten ihren Teil dazu bei, daß unzählige Frauen erkrankten. Die meisten Schwestern in Rickenbach starben jung.
„Damals", erzählt Schwester Maria Felizitas, „hat ein Pfarrer uns auf die Idee mit den Kräutern gebracht." Der Geistliche prophezeite den Benediktinerinnen gute Einnahmen aus dem Verkauf von Heiltees, Salben, Tropfen und Sirup. „Denn wie die Blumen mit ihren Blüten das Gemüt erhellen, heilen die Kräuter mit ihren ätherischen Ölen und Düften den Körper", haben die Schwestern von ihm gelernt: Beides sind Heilmittel aus der Apotheke Gottes, wahrer Balsam für wunde Seelen. Und der Pater sollte recht behalten.

Auf dem Estrich über der Kirche liegt das Reich der Kräuter-Nonnen: Im Holztrog hat Schwester Maria Felizitas verschiedene Pflanzen nach Rezept aufgeschichtet und gesegnet. Jetzt mischt sie den Tee mit behutsamen Bewegungen. „Wir legen gute Gedanken in jede Mischung hinein", sagt sie.

„Heute können wir gar nicht so viele Kräuter sammeln, wie die Leute bei uns bestellen", zieht die Kräuterschwester Bilanz. Die Apotheke Gottes ist zum Aushängeschild von Maria-Rikkenbach geworden: Zwar gelten auch anderswo viele Ordensleute als kundige Naturheiler, die Besonderheit der Schwestern hier aber ist, daß sie die Zutaten für ihre Tees nicht im Garten kultivieren. Sie schneiden sie dort, wo die Natur sie sprießen läßt. Im rauhen Klima des Bergsommers und auf den steilen, nur selten beweideten Wiesen wachsen die Kräuter jedoch besonders würzig. Und wenn wahr ist, was Schwester Maria Felizitas aus den Schriften der heiligen Hildegard zitiert, „dann steckt in jedem Pflänzlein ein wenig von der Kraft Gottes". Ohne seinen Segen ist kein Kraut gewachsen. Auf dem Estrich über dem Kirchenschiff liegt der Beweis für diese Vermutung. Hier ist jeder Atemzug ein Erlebnis. In Blechdosen lagern Rosenblätter, in Pappschachteln liegt gehäckselter Lavendel. In den großen, mit einem Holzbrett nur lose abgedeckten Kisten stecken, getrocknet und fein geschnitten, Pfingstrosenblätter und Wegerich, Johanniskraut, Labkraut und Haselblätter, Hopfen, Baldrian und Disteln, Kamillen, Birkenblätter und Zinnkraut, Gletscherweide und Akelei und ... ein Himmelreich der Düfte!

In der Mitte des Raumes fällt durch die schmalen Fenster über den Balken des Dachstuhls mattes Licht auf einen großen Trog, vor dem Schwester Maria Felizitas in ihrer weißen Schürze steht – und betet. Mit ihrer Hand zeichnet die Schwester ein Kreuz in die Luft über die sauber im Trog zu einem Hügel geschichteten Kräuter, ehe sie die einzelnen Lagen, die nach den Mengenangaben im Rezept in abnehmender Reihenfolge übereinandergelegt sind, mischt. Dazu taucht die Schwester mit hochgekrempelten Ärmeln ihre Arme bis zu den Ellbogen in den Trog, wie der Bäcker in den Teig. Ihre Bewegungen sind dabei so bedächtig, daß es den Anschein hat, sie wolle bei der Arbeit die getrockneten und daher brüchigen Blätter nicht unnötig knicken.

Die Prozedur währt lange. „Wir sammeln die Kräuter nicht nur mit Liebe", sagt sie und lächelt gütig hinter ihrer Brille, „wir nehmen auch die Zubereitung sehr ernst."

Auf kleinen Karteikarten hat sie die Mischungen notiert. Für den Nierentee und das Getränk gegen Frauenleiden. Ein Tee zur Stärkung der Nerven, einer für ein gesundes Herz. Tee gegen Verkalkung. Und Tee gegen Schnupfen. Die Rezepte der Rickenbacher Kräuterei stammen aus verschiedenen Quellen. Was nicht mündlich im Kloster überliefert worden ist, hat Schwester Maria Felizitas etwa beim Schweizer Kräuterpfarrer Johann Künzle nachgeschlagen. Oder sie hat auf einer der jährlich im Engelberger Bruderkloster organisierten Tagungen der Hildegard-Gesellschaft Informationen über die Heilwirkung bestimmter Pflanzen notiert. „Wir sind alle keine Mediziner", beugt die Schwester zu intensivem Nachfragen vor, „und warum manche Kräuter eine spezielle Wirkung haben, das weiß ich auch nicht genau."

Ganze Stapel von Briefen aber belegen den Klosterfrauen, daß ihre Tees helfen: An die 6000 kleine Pappschachteln verschickt die Kräuterei pro Jahr in alle vier Winde. Unzählige weitere verkauft die Schwester im Klosterladen. Der liegt am Wanderweg von der Seilbahnstation zum nahen Hausberg, dem Haldigrat, und dient dem Kloster als Schaukasten. Jede der verschiedenen Mischungen ist im Holztrog zusammengerührt, mit einer Prise geweihter Kräuter gewürzt, einzeln abgewogen und von Hand in die Packung gestopft.

Die Waage wird zwar benutzt, wenn die Schwestern Tee in die Schachteln füllen. So penibel aber sind die Frauen nicht. Die Gewichtsangabe auf der Verkaufspackung soll allenfalls ein Minimum markieren.

Auch wenn sich die Beschreibung so anhört, als wäre der Handel mit den Heilpflanzen ein gut organisiertes Geschäft: Die altmodische Umständlichkeit, mit der die Schwestern ihre Kräuter verarbeiten und vermarkten, gehört dazu. Akkordarbeit und Hast sind bei ihnen Fremdwörter. „Und mit dem Abwiegen nehmen wir es nicht so genau", sagt Schwester Maria Felizitas. Die Gewichtsangabe auf der Schachtel ist allenfalls ein absolutes Mindestmaß.

„Wichtig bei dieser Arbeit ist es, daß wir unsere guten Gedanken in die Mischung einbringen", lüftet die Kräuterschwester das Geheimnis ihrer Arzneien. Die Wünsche für ein glückliches Leben stecken, neben den natürlichen Ingredienzen und dem Segen des Priesters aus den jedes Jahr geweihten Kräutern, in jedem Arzneipaket. „Denn ein glückliches Leben ist wich-

tig", glaubt die Klosterfrau, „es hilft, von innen zu heilen."
Liebe heilt. Psychologen wissen es. Kritische Ärzte fordern angesichts einer oft inhumanen Hochleistungs-Medizin mit Nachdruck, diese Erkenntnis zu berücksichtigen. Im Kloster Maria-Rickenbach stößt, wer Augen hat zu sehen, überall auf Beweise für die These.
Schwester Maria Ursula ist Krankenpflegerin im Kloster. Wie so viele ihrer Mitschwestern muß auch sie aber, weil Nachwuchs fehlt und manche der Älteren ihre Aufgaben kaum noch bewältigen kann, zusätzlich im Garten helfen. Hauptsächlich aber widmet sie sich dem körperlichen Wohlbefinden der Schwestern. Um die akuten Nöte kümmert sie sich ebenso intensiv, wie sie sich geduldig um die Linderung der chronischen Leiden bemüht: Zuwendung ist dabei die wichtigste Medizin, mit der Schwester Maria Ursula zu helfen versucht.
Im vierten Stock des Kloster-Neubaus etwa, mit herrlichem Blick auf die Berge im Südwesten, liegt seit Jahren Schwester Maria Bernadette nach einem Schlaganfall ans Bett gefesselt. Die Kranke kann sich weder regen, noch kann sie sich bewegen. Wo die Frau aber jenseits der Klostermauer nur bedauert und als hoffnungsloser Fall in ein Heim abgeschoben würde, ist sie im Kloster wohlversorgt. Der stumme Dialog mit den Augen, den sie mit der Krankenschwester führt, die Scherze gar, über die die beiden Frauen jeden Tag herzlich lachen können, wenn Schwester Maria Ursula mit dem Essen am Bett sitzt und ihre Mitschwester füttert, sie belegen die These Schwester Maria Felizitas' von der Heilkraft der guten Gedanken.
Schwester Maria Ursula schwört auf den Biolandbau im Garten und auf die Homöopathie im Krankenzimmer. Ihre Praxis ziert ein Wandschrank, in dem sie eine Parade kleiner Fläschlein aufgereiht hat. Manches stammt aus dem Fundus des Arztes. Vieles jedoch hat sie aus der Apotheke von Schwester Maria Agatha. Mit ihren über 83 Jahren ist die ein wahrer Schatz im doppelten Wortsinn: als Frau, deren bescheidenes, freundliches Wesen jedermann von ihr schwärmen läßt. Und als Hüterin einer über fünfzigjährigen Erfahrung als Schnapsbrennerin und Apothekerin des Klosters. Schnaps und Medizin sind nicht zu trennen. Der Schnaps, den Schwester Maria Agatha brennt, ist Medizin. Und welche Kräuter sie ihm zusetzt, ist ihr Geheimnis.
Das hütet sie streng. Daß Heidelbeeren gegen Durchfall helfen und Arnika rheumatische Beschwerden lindert, ist nur das Grundwissen. Daß Lavendel nicht nur gut riecht und unliebsames Getier aus dem Kleiderschrank fernhält, sondern auch hervorragend gegen Nervenschmerzen wirkt, das wissen schon weniger Leute. Schwester Maria Agatha kennt darüber hinaus jedoch auch die Rezepte, nach denen sie die Beeren und Blumen mischen muß, damit sie, mit Schnaps angesetzt, ihre heilende Kraft entfalten.

Utensilien der Kloster-Brennerei: Die Gerätschaften sind uralt. Wichtigstes „Handwerkszeug" ist die kleine Taschenuhr. Sie zeigt der Schwester nicht nur die Brenndauer im Kessel. Sie mahnt vor allem auch die Stunde des Gebets an.

Ihr Melissengeist, den sie alljährlich brennt, ist mindestens ein ebenso gefragter Klosterartikel wie die Tees aus der Kräuterei. Die Herstellung ist Schwerstarbeit: Nachdem sie die Kräuter geerntet hat, sitzt Schwester Maria Agatha oft tagelang in einem naßkalten Zimmerchen neben der Brennerei und zupft Blatt für Blatt vom Stengel. Dann setzt sie damit eine Maische an.

Schwester Maria Agatha schöpft Maische aus dem Faß im Keller. Die Apfelschalen sind ein Jahr lang vergoren, ehe sie, als „Bäzi" gebrannt, zur Grundlage für Tropfen und Tinkturen in der Apotheke werden.

Ist sie vergoren, naht der große Tag des Brennens. Dann muß die alte Frau Kübel aus dem Keller schleppen, den Kessel mit Holz schüren, den abfließenden „Geist" in große Glasballons schütten und den heißen Restsud auf einer kleinen Karre zum Müll schieben und abkippen. Und alles alleine. Da sitzt sie dann, wenn der Kessel brodelt, mit dem Gebetbuch in der Hand auf einem Schemel in der Ecke des Raums. Nicht in erster Linie, um sich auszuruhen. Getreu der Regel Benedikts nutzt sie die Minuten: „Es soll sich kein Bruder finden, der aus geistiger Trägheit sich dem Müßiggang ergibt, statt sich der Lesung zu widmen." So verbringt Schwester Maria Agatha die Pausen zwischen der für sie harten Arbeit mit seelischer Erbauung. Denn während des Brennens kann sie ihre Stube nicht verlassen. Und wenn die anderen Schwestern sich zum Chorgebet oder Mittagessen treffen, harrt sie in ihrem Kämmerlein aus. Damit der Melissengeist auch richtig gut wird.

Es wäre ein Frevel, die wertvollen Gaben der Natur durch nachlässige Arbeit zu mindern. „Alles nämlich sollen wir behandeln wie Altargefäße", begründet die Priorin von Maria-Rickenbach den auffällig liebevollen Umgang der Schwestern mit allen Dingen. Das hat Benedikt von Nursia seinen Gefolgsleuten vorgegeben. Und an die Lehre des Franz von Assisi fühlt man sich erinnert, wenn man sieht, wie aufmerksam die Schwestern sich allen Geschöpfen widmen. Auch die Kräuternonnen grasen keinesfalls die Wiesen ab. „Wir lassen stets genügend Kräuter stehen, damit die Natur Möglichkeiten hat weiterzuleben", sagt Schwester Maria Felizitas all den Wanderern, die glauben, die Schwestern rügen zu müssen. Die Klosterfrauen betreiben keinen Raubbau.

Wenn die Schwestern vom Haldigrat zurück sind, bringen sie ihre gefüllten Leinensäcke ins Kräuterhüsli, gleich neben dem Durchschlupf in der Klostermauer. Dort steht das alte Häckselmesser. Schwester Maria Brigitt wartet schon, um die noch saftig-grünen Blätter durch die Maschine zu drehen. Jede Handvoll Muttern, die sie dazu auf den Tisch legt, mustert die Schwester ganz genau. „Da ist ja doch noch ein Schneckli", entdeckt sie und rettet das Kriechtier vor dem sicheren Tod unterm Messer.

Alles Lebendige, Tiere wie Pflanzen, ist ihnen heilig. Die Kräuterschwestern von Rickenbach vermitteln ihrem Besucher ein im tiefen Glauben begründetes Verantwortungsgefühl für die Natur. Ganz im Sinne Albert Schweitzers, der gesagt hat: „Ethik ist die ins

Schnaps brennen ist eine Geduldsprobe: Während der dünne Strahl aus dem roten Destillationskessel in den Eimer rinnt, nützt Schwester Maria Agatha die Zeit zur Meditation. Die Arbeit ist hart und für die 83 Jahre alte Frau kaum noch zu bewältigen. Weil ihr eine Hilfe fehlt, denkt die Schwester schon ans Aufgeben. Eine wertvolle Klostertradition ginge damit verloren.

Grenzenlose erweiterte Verantwortung für alles, was lebt."
Deshalb trägt die Priorin so schwer an ihrem Kreuz. Der verklärte Christus mit der Krone, dem sogenannten „Heiligen Kreuz" der Engelberger Benediktinerabtei nachempfunden, ist ein Geschenk aus Afrika. Ein Elefant hat, da das Kruzifix aus Elfenbein geschnitzt ist, dafür sein Leben lassen müssen.

Kein Flecklein bleibt ungenutzt: Ein Kruzifix oder ein Marien-Bild haben an den Wänden des Klosters überall Platz.

Der weiße Leib des Herrn schmückt, neben einer Ikone von der Hand Schwester Maria Katharinas, das Musikzimmer der Schwestern. Hier üben einige von ihnen mit Pater Werner ab und zu ein Streichquartett ein, das an Festtagen aufgeführt wird. Und in den wenigen freien Minuten ihres Tages zieht sich die Priorin an die Orgel zurück, die sie hier hat aufstellen lassen. So stört sie beim Üben nicht die betenden Schwestern in der Kirche. Ob sie nun aber am elektrischen Klavier sitzt und mit den Sängerinnen die lateinischen Psalmengesänge für den Sonntag einstudiert oder ob sie sich mit den Ratschwestern des Klosters um den blockigen Massivholztisch gruppiert, den die Schwestern als Geschenk von Kapuziner-Mönchen erhalten haben, immer streift der Blick der Mutter Priorin den elfenbeinernen Heiland. Und sie fragt sich, ob sie die Figur nicht doch lieber abhängen sollte. „Aber dann", wird sie nachdenklich, „was ist dann gewonnen?" Den Elefanten ist damit nicht geholfen.
Da engagiert sich die Priorin lieber dort, wo der Einsatz der Natur wirklich zugute kommt. Wenn Schwester Maria Ursula für ihren Garten einen neuen Komposter kaufen möchte und die Priorin um Erlaubnis dafür nachsucht, dann unterstützt sie dieses Ansinnen ebenso mit Nachdruck, wie sie die vorbildliche Abfalltrennung im Gewölbekeller gutheißt. Dort haben die Schwestern einen ganzen Raum der Recycling-Idee reserviert. Fast so pedantisch wie in einem Aktenschrank im Finanzamt ist dort alles einsortiert: Das Papier ist gebündelt, weiße, grüne und braune Flaschen sind gesondert gelagert, die Verschlüsse in einer extra Pappschachtel. Aluminium sammeln die Klosterfrauen. Sogar die ausrangierten Wasserhähne oder Ofenrohre stapeln jeweils in einem eigenen Regal. „Wir können und wir müssen doch vorleben, welcher Weg aus der Umwelt-Misere führt", glaubt Vreni, die junge Postulantin.
Vorangehen. Das wollen die Schwestern der Rickenbacher Bergklause auch in der Landwirtschaft. Ihren Hühnerstall haben sie aufgegeben. Der Raum für die Tiere war nicht mehr gut genug. Den Schweinen mußten die Kloster-Knechte ein neues Zuhause zimmern, damit die Abfallverwerter der Küche im kalten Bergwinter nicht frieren müssen.
Ökologisches Denken beweisen die Schwestern auch als Grundbesitzerinnen. Schon lange ist es ihnen ein Dorn im Auge, wie die Bauern der Gegend düngen und die kargen Böden ausquetschen. Mit ihren vom Kräutern geschulten Augen sehen sie das traurige Resultat solchen Tuns: Die Flora der Wiesen verarmt allmählich. „Mit einem neuen Pächter des Klostergrundes werden wir den Vertrag nur noch unterschreiben, wenn dieser auf biologische Wirtschaftsweise umsteigt", wittert die Priorin eine Chance, der gestreßten Natur in den Bergen zu helfen.
Das ist ihr im Glauben begründeter Auftrag. „Das Ahnen und das Sehnen aller tiefen Religiosität ist in der Ehrfurcht vor dem Leben enthalten." Noch einmal schimmert zwischen dem Reden und Tun der Schwestern durch, was Albert Schweitzer als ethisches Prinzip postuliert hat. Ehrfurcht vor allem Lebendigen: Sie bestimmt auch

den Umgang der Schwestern untereinander. Das enge Zusammenleben erzwingt geradezu, daß sie einander respektvoll begegnen.
Die Schwestern von Maria-Rickenbach reden sich ausnahmslos mit dem förmlichen „Sie“ an. Auch wenn sie sich seit Jahrzehnten kennen und tagtäglich nebeneinander arbeiten und beten. „Wir haben darüber abgestimmt“, sagt die Mutter Priorin, „die Schwestern wollten nicht zum Du wechseln.“ Die Anrede jedoch bedeutet nicht, daß das Verhältnis nicht herzlich wäre. Im Gegenteil. Die künstlich erhaltene Respekt-Zone in der ansonsten so uniformen Klosterwelt verhindert nicht, daß zwei Schwestern einmal unterschiedlicher Meinung sind und Verstimmung aufkommt. Da sind sie ehrlich: „Wir sind auch nur Menschen“, wischt Schwester Maria Felizitas auch den geringsten Anschein eines „Heiligenscheins“ sogleich beiseite, „es wäre sogar schlimm, wenn wir unsere Stimmungen und Meinungen unterdrücken würden.“
Und doch unterscheidet das Klosterleben sich in einem zentralen Punkt vom Leben außerhalb der Umfriedung: Das Werk Benedikts regelt auch den Streitfall. Vor Sonnenuntergang müssen die Schwestern einander um Verzeihung bitten, fordert das vierte Kapitel. „Das ist gar nicht immer einfach“, gibt Schwester Maria Andrea zu, „wenn man sich sein Unrecht eingestehen und auf den anderen zugehen soll.“ Der Friede in der Gemeinschaft erfordert dieses Opfer. Aber es ist am Ende, so versichern die Schwestern, stets auch eine Labsal für die eigene Seele.
Solchermaßen verstandene Ehrfurcht vor dem Leben ist für Albert Schweitzer auch das bestimmende Moment der Beziehung zwischen Mensch und Kreatur. „Wo ich irgendwelches Leben schädige, muß ich mir darüber klar sein, ob es notwendig ist. (...) Der Landmann, der auf seiner Wiese tausend Blumen zur Nahrung für seine Kühe hingemäht hat, soll sich hüten, auf dem Heimweg in geistlosem Zeitvertreib eine Blume am Rande der Landstraße zu köpfen, denn damit vergeht er sich an Leben, ohne unter der Gewalt der Notwendigkeit zu stehen.“

Diese Ehrfurcht vor dem Leben zwingt zum Handeln. Mit dem Erkennen der Natur-Bedrohung ist niemand aus der Verantwortung entlassen. Deshalb ist der Versuch der Schwestern, in ihrem Einflußbereich bedrohte Natur zu retten, nur die konsequente Umsetzung ihres ethischen Grundgedankens.
Wie sonst gelänge es, die Heilkraft der Natur weiter für die Menschen zu nutzen? Von dieser Kraft in den Kräutern aber sind die Schwestern überzeugt. Am Abend nach dem Sammeltag auf dem Haldigrat streut Schwester Maria Felizitas die geschnittenen Kräuter auf dem Dachboden zum Dörren aus. Dabei erzählt sie nicht ohne Schmunzeln, wie die Schwestern hie und da die vom Arzt verordneten Pillen zunächst einmal liegen lassen und sich zuerst mit Kräutern und Naturheilmitteln zu kurieren versuchen.

Keine Minute verstreicht ungenutzt. Müßiggang geißelte Benedikt als Laster. Also haben die Schwestern von Maria-Rickenbach ihr Gebetbuch stets dabei. Wann immer die Arbeit ihnen eine Pause gönnt, widmen sie sich der Meditation und dem Gebet.

Dann machen sie manchmal einen Versuch, den die Heilkundigen unter dem Namen Kinesiologie-Test kennen. Mit diesem ein wenig ins Okkultistische gehenden Experiment wollen sie feststellen, ob ein bestimmter Gegenstand für die Versuchsperson gefährlich ist oder nicht. In diesem Fall soll der Test beweisen, ob eine Arznei dem Kranken gut tut. Die Schwester sagt lächelnd: „Dann kurieren wir mit unseren Kräutern, und wenn wir wieder gesund sind, meint der Doktor, seine Pillen hätten so wunderbar geholfen.“

Heilkraft der Natur: Rezepte

Der Verlust wäre doch zu schmerzhaft gewesen: Als vor gut zehn Jahren die Apothekerin der Benediktinerinnen von Maria-Rickenbach schwer erkrankte und die Schwestern im Kloster schon mit ihrem Ableben rechnen mußten, da hat sich Schwester Maria Agatha doch dazu durchgerungen, wenigstens einen Teil ihres Wissens preiszugeben. Sie rief eine Mitschwester an ihr Krankenlager und diktierte dieser ihre in über fünfzig Jahren gesammelten Erfahrungen aus Brennerei und Apotheke.

So also bleibt wenigstens ein Teil dieses reichen Wissensschatzes erhalten. Notiert auf einem wahren Sammelsurium von oftmals kaum handtellergroßen Papierfetzen, schlummert die archivierte Heilkräuter-Kunst der über 83 Jahre alten Schwester in Schubladen und Pappkartons. Mancher Aufschrieb aus ihren eigenen Lehrjahren pinnt auf einem alten Nagel an der Wand ihres Regals, verdeckt von den mindestens ebenso alten Tiegeln und Flaschen.

Schon das Wissen um die Qualität des Schnapses, der die Basis für die Liköre und Tropfen bildet, ist wichtig. „Für den *Goldlikör*", erklärt Schwester Maria Agatha, während sie das sonnengelbe Getränk aus großen Glaskolben in 100-Milliliter-Portionen abfüllt, „ist nur bester Alkohol zu nehmen." Keinen einzigen Tropfen verschüttet sie davon. Für Heidelbeer-Tinktur, Lavendelgeist oder Melissengeist darf es schon einmal die „zweite Wahl" sein.

Der Schnaps aber ist noch lange nicht alles. Das kleine in Packpapier geschlagene Büchlein „Rezepte von Herrn Doktor Aufdermaur" verzeichnet gleich in der zweiten, sauber mit altdeutschen Buchstaben gezirkelten Zeile den Hinweis: „Dies Mittel muß Geheimniß bleiben." Es folgen nicht weniger als acht in gestochener Handschrift verfaßte Seiten über die Zubereitung von *Ovariae-Tinktur,* einer Tinktur aus Hühnereiern auf Alkoholbasis zum Einreiben, deren drei unterschiedlich starke Potenzen bei Hinfälligkeit, bei Erkrankungen der Atemwege sowie Nervenleiden Linderung versprechen. Auf die Feinheiten kommt es an: Die Auswahl der Eier erfordert ein ebenso großes Geschick wie das Brennen des Schnapses. Frisch müssen sie natürlich sein und „ohne Hahnentritt". Schwester Maria Agatha aber hat sogar vermerkt, wann sie am besten zu sammeln sind: „Zur Zeit, wo im Tal der Blust ist, bei uns aber (im Kloster auf 1200 Meter Seehöhe, d. A.) erst Knospen, gewöhnlich im Mai."

„Für Nervöse ist *Kräuterwein* zu empfehlen", steht auf einem anderen Zettelchen aus der Rickenbacher Apotheken-Schublade. Zubereitung: ½ Liter guten Rotwein, 1 Eßlöffel voll Rosmarin, 1 Eßlöffel voll Majoran, 1 Eßlöffel voll Anis, 1 Eßlöffel voll Fenchel. Alles einmal aufsieden lassen, gut zudecken, damit ja kein Dampf herauskommt. 1½ Stunden stehen lassen, damit die Kräuter ausziehen, dann absieben. 8 bis 10 Stück Zucker zugeben und jede Stunde einen Eßlöffel voll einnehmen.

Sieben Liter Bäzischnaps (Obstler) sind die Grundlage für eines jener Hausmittel, die sich Schwester Maria Agatha auch gern selbst einmal gönnt. Sonst ist die Brennerin abstinent. Die *bitteren Magentropfen* aber sind eine Wohltat. Dazu braucht sie 80 Gramm Tausendguldenkraut, 40 Gramm Rote Enzianwurzeln, 240 Gramm Schalen unreifer Pomeranzen und 300 Gramm Zittwerwurzel. Das alles kommt in den Schnaps und bleibt acht Tage bei Wärme stehen. Ab und zu wird die Flasche geschüttelt.

Das Deckblatt des Abriß-Kalenders zeigt die Jahreszahl 1948. Auf der Rückseite hat Schwester Maria Agatha mit dem Bleistift in großen Lettern ein *Radikalmittel gegen Angina* notiert. Salbei-Tee, Essig und Honig zu gleichen Teilen mischen und das Gebräu im Rachen gurgeln lassen.

Ein zweites *Gurgel-Rezept,* diesmal auf einem Briefumschlag aus dem Jahr 1950 vermerkt, soll bei Grippe und Halsweh helfen: Salbei, Kamille und Arnika müssen zusammen angebrüht werden.

Viele ihrer bewährten Tinkturen und Tropfen mischt Schwester Maria Agatha heute nicht mehr. „Ich lasse die letzten Vorräte ausgehen", sagt sie mit leichter Resignation in der Simme, „aber für mich alleine ist die Zubereitung viel zuviel Arbeit." Der Spitzwegerich-Sirup, eine exzellente Erkältungsmedizin, ist schon aus dem Verkaufsprogramm des Klosterladens verschwunden. Genauso wie die Lebensessenz.

Um die Produkte aus der Kräuterei ist es da zum Glück besser bestellt. Schwester Maria Felizitas hat viele Tee-Mischungen aufgeschrieben. Auch ihr Rezept der *Ringelblumen-Salbe.*

Es riecht im ganzen Haus: zuerst nach heißem Lamm-Fett, dann nach gekochten Ringelblumen. Und als krönender Abschluß: nach Lavendel. Schwester Maria Felizitas rührt im Keller Salbe. In einer Ecke der Gärtnerei steht ein Ofen-Oldtimer, darauf eine Kachel, die selbst für die Mahlzeiten einer vielköpfigen Familie noch zu groß wäre. Goldgelb brodelt das Fett. Dann streut die Schwester die abgezupften Blütenblätter von 600 Ringelblumen langsam in die Pfanne. Eine volle Stunde müssen die orangefarbenen Blätter rösten.

Jetzt folgt Schwerarbeit. Dic fettige Sauce muß durch ein Leinentuch gepreßt werden. Schwester Maria Felizitas kann da zum Glück auf den Kloster-Fundus zurückgreifen. Dort nämlich lagert noch eine kleine Traubenpresse ...

Was aus dem Bottich tropft, wird sauber aufgefangen und mit Olivenöl verrührt. „Und damit die Salbe am Ende besser riecht", verrät die Schwester, „gebe ich noch ein paar Milliliter Lavendel-Öl hinzu."

Die kleinen Döschen mit der gelben Salbe sind einer der Verkaufsschlager im Kloster. Viele Stammkunden schwören auf die „Wundersalbe". Eigentlich ist es ja eine Wundsalbe: „Krampfadern, böse Geschwüre und alle offenen Wunden können damit behandelt werden", sagt Schwester Maria Felizitas. Ihr Tip: „Offene Beine muß man am besten vor dem Eincremen in Zinnkrauttee baden." Das soll auch bei eiternden Wunden helfen.

Helfen kann Ringelblumen-Salbe auch bei Husten, wenn damit Brust und Rücken eingecremt werden. Und weil die Schwester stets sicher sein will, daß ihre Medizin auch richtig gebraut ist, schickt sie ein Dösli ab und an einem befreundeten Arzt. Zur Prüfung: mit dem Pendel.

Die Tees, die in der Kloster-Kräuterei gemischt werden, kann jedermann auch allein bereiten. Er muß dazu nur die richtigen Kräuter sammeln (oder kaufen). Je feiner die Kräuter geschnitten sind, desto reichhaltiger verströmen sie ihr Aroma. Ein Tip der Schwester fürs Trocknen: Blüten dürfen an der Sonne trocknen, Blätter müssen im Schatten lagern. Sie werden auf dem Dachboden ausgestreut und gedörrt. Wenn es längere Zeit regnet, können die Heilpflanzen dort oben auf dem Speicher leicht wieder feucht werden. Deshalb packen die Klosterfrauen die Blätter und Blüten vorsichtig in Leinensäcke und lassen diese dann kurz von der Sonne bescheinen. So wird der Tee knusprig. Und haltbar, ohne wertvolle Wirkstoffe zu verlieren ...

In den Mischungen werden die einzelnen Zutaten, wenn nicht anders vermerkt, zu gleichen Teilen miteinander vermengt.

Gegen *Schnupfen* helfen: Schlüsselblumen (primula veris), Breitwegerich (plantago major), Frauenmantel (alchemilla vulgaris) und Lungenkraut (pulmonaria officinalis).

In ihren *Magentee* mischen die Schwestern: Brennessel (urtica dioica), Breitwegerich (plantago major), Wacholder (juniperus comunis), Isländisch Moos (cetraria islandica), Gamander (teucrium chamaedrys) – nur die halbe Ration, Roter Enzian – wenig, Wermut (artemisia absinthium) – wenig, Ringelblumen (calendula officinalis), Bergarnika (arnica montana), Schafgarbe (achillea millefolium), Liebstöckel (levisticum officinale) und Meisterwurz (imperatoria ostruthium) – eventuell.

Ein duftender Strauß sind die Zutaten für den *Nieren- und Blasentee:* Brennnessel (urtica dioica), Frauenmantel (alchemilla vulgaris), Geißleiter (spirae ulmaria), Hauhechel (ononis spinosa), Birkenblätter – wenig, Eschenblätter – die halbe Ration, Heidnisches Wundkraut (senecio fuchsii), Goldraute (solidago virgaurea), Johanniskraut (hypericum perforatum), Zinnkraut (equisetum arvense), Labkraut (galium molugo), Gletscherweide (salix retusa), Baumtropfen (aegopodium podagria) – die halbe Ration, weiße Rosenblüten, Schließgras (agropyron repens), Akeleiblüte (aquilegia vulga-

ris) und Muttern (ligusticum mutellina).
Auch gegen *Arterienverkalkung* sind Kräuter gewachsen: Benediktenkraut (cnicus benedictus), Frauenmantel (alchimilla vulgaris), Mutterwurz (ligusticum mutellina), Mariendistel (silybum marianum), Meisterwurz (imperatoria ostruthium), Mistel (viscum album), Löwenzahn (taraxum officinale), englische Minze (mentha piteria), Majoran (majorana hortensis) und Edelraute (artemisia).
Und ruhiges Blut behält, wer den *Nerventee* kostet: Johanniskraut (hypericum perforatum) – zwei Teile, Haselblätter (corylus avellana) – zwei Teile, Lavendel (lavandula angustifolia), Hopfen (humulus lupulus), Krausminze (mentha crispa), Kamillenblätter (matricaria recutita), Benediktendistel (cnicus benedictus) – ein Viertel, Baldrianwurz (valeriana officinalis) – ein Viertel, Frauenmantel (alchemilla vulgaris).

Aus der Benediktsregel

Mit welchen Instrumenten das Gute getan wird, sagt die Benediktsregel im 4. Kapitel. Darin steckt mancher Rat auch für ein Leben außerhalb der Klostermauer:
Zuerst: Gott lieben, von ganzem Herzen, von ganzer Seele und mit ganzer Kraft.
Dann: Den Nächsten lieben wie sich selbst.
Sodann: nicht töten.
Nicht die Ehe brechen.
Nicht stehlen.
Nicht begehren.
Nicht falsch aussagen.
Alle Menschen ehren.
Und keinem anderen antun, was man selbst nicht ertragen möchte.
Sich selbst verleugnen, um Christus nachzufolgen.
Den Leib züchtigen.
Kein genießerisches Leben führen.
Das Fasten lieben.
Den Armen helfen.
Einen Nackten bekleiden.
Einen Kranken besuchen.
Einen Toten begraben.
In der Bedrängnis Hilfe leisten.
Einen Trauernden trösten.
Sich vom Treiben der Welt fernhalten.
Nichts der Liebe zu Christus vorziehen.
Nicht im Zorn handeln.
Nicht auf Rache sinnen.
Nicht Falschheit im Herzen tragen.
Nicht unaufrichtig Frieden bieten.
Nicht von der Liebe lassen.
Nicht schwören, um nicht etwa falsch zu schwören.
Die Wahrheit mit Herz und Mund bekennen.
Nicht Böses mit Bösem vergelten.
Kein Unrecht tun, aber erlittenes Unrecht mit Geduld ertragen.
Die Feinde lieben.
Wenn einer uns flucht, nicht zurückfluchen, sondern ihn vielmehr segnen.
Um der Gerechtigkeit willen Verfolgung leiden.
Nicht stolz sein.
Kein Trinker sein.
Nicht unmäßig sein im Essen.
Nicht schlafsüchtig,
nicht träge,
nicht kritiksüchtig,
kein Ehrabschneider sein.
Seine Hoffnung auf Gott setzen.
Sieht man bei sich etwas Gutes, es Gott zuschreiben, nicht sich selber.
Vom Bösen aber immer wissen, daß man es selber begangen hat, und sich selbst zuschreiben.
Den Tag des Gerichts fürchten.
Vor der Hölle zittern.
Mit der ganzen Sehnsucht des Geistes nach dem ewigen Leben verlangen.
Sich täglich den drohenden Tod vor Augen halten.
Jederzeit das eigene Tun und Lassen überwachen.
Sicher wissen, daß uns Gott überall im Auge behält.
Schlechte Gedanken, die sich in unser Herz einschleichen, sofort an Christus zerschmettern und dem geistlichen Vater eröffnen.
Seine Zunge vor schlechten und unanständigen Reden hüten.
Das viele Reden nicht lieben.
Leere und zum Lachen reizende Worte meiden.
Nicht dauernd oder schallend lachen.
Die heiligen Lesungen gern hören.
Sich oft zum Gebet niederwerfen.
Täglich im Gebet Gott die eigenen Sünden bekennen.

Von diesen Sünden sich in Zukunft bessern.
Das Begehren des Fleisches nicht erfüllen.
Den Eigenwillen lassen.
Den Vorschriften des Abts in allem gehorchen, selbst wenn er – was fern sei – anders handelt.
Nicht heilig genannt werden wollen, bevor man es ist, sondern es zuerst sein, damit man mit mehr Grund so genannt werden kann.
Die Gebote Gottes täglich in die Tat umsetzen.
Die Keuschheit lieben.
Niemand hassen.
Keine Eifersucht hegen.
Nicht aus Neid handeln.
Den Streit nicht lieben.
Die Überheblichkeit fliehen.
Die Älteren ehren.
Die Jüngeren lieben.
Aus der Liebe zu Christus für die Feinde beten.
Hat man sich mit jemand entzweit, vor Sonnenuntergang wieder Frieden schließen.
Und nie an Gottes Barmherzigkeit verzweifeln.
Das sind die Instrumente der geistlichen Kunst!
(aus dem 4. Kapitel der Regel des Benedikt von Nursia, nach einer Übersetzung von Georg Holzherr, Abt von Einsiedeln)

Adressen

Die Schwestern von Maria Rickenbach bieten Priestern und Ordensleuten Erholungsmöglichkeiten in ihrem Haus an. Aber auch Laien können kommen: Leute, die bereit sind, ein wenig in der Kräuterei oder im Garten mitzuarbeiten, sind willkommen. Vorherige Absprache ist allerdings unbedingt notwendig:

Benediktinerinnen-Kloster
Maria-Rickenbach
CH-6385 Niederrickenbach, NW
Schweiz

Urlaub im Kloster, Tage der Einkehr und die Möglichkeit, als Laie mit Mönchen und Nonnen zu leben, bieten im gesamten deutschsprachigen Raum zahllose Klöster. Wer Interesse hat, der wendet sich am besten an die jeweiligen Vereinigungen der Ordensobern in Deutschland, Österreich und der Schweiz. Sie geben zum Teil jährlich dicke Kataloge heraus, in denen die Klöster ihre Angebote vorstellen:

Vereinigung deutscher Ordensobern
Generalsekretariat
Holsteinstraße 1
D-5000 Köln 80

Superiorenkonferenz der
männlichen Ordensgemeinschaften
in Österreich
Freyung 6
A-1010 Wien

Vereinigung der Höheren Ordensobern
der Schweiz (VOS)
Grand rue 34
CH-1702 Fribourg

VOKOS
Schwester M. Barbara Bieri
Kloster Maria Opferung
CH-6300 Zug

Literatur

Anonymus: Rezepte aus der Klosterapotheke. Handschrift im Kloster Maria-Rickenbach o.J.

Anonymus: Etwas Großes wagen. Broschüre des Klosters Maria-Rickenbach o.J.

Martin Buber: Das echte Gespräch und die Möglichkeiten des Friedens. Rede anläßlich der Verleihung des Friedenspreises des Deutschen Buchhandels am 27.9.1953 in Frankfurt am Main. Zitiert in: Lust an der Erkenntnis. Die Philosophie des 20. Jahrhunderts. München: Piper 1986.

Jürgen Dahl: Die Eile hat der Teufel erfunden. In: natur 1/1990.

Umberto Eco: Der Name der Rose. München: Hanser 1984.

Kurt Hellmut Eimuth: Fluchtpunkt Sankt Franziskus. In: Chancen III/1985.

Sabine Etzold: Sühnen für die Greuel. In: Zeitmagazin 52/1989.

Heinz-Joachim Fischer: Der heilige Kampf. Geschichte und Gegenwart der Jesuiten. Zitiert in: Denkanstöße '90. Ein Lesebuch aus Philosophie, Natur- und Humanwissenschaften. München: Piper 1989.

Barbara Franck: Die Freiheit hinter Mauern. In: Geo 12/1980.

Erich Fromm: Haben oder Sein. Die seelischen Grundlagen einer neuen Gesellschaft. Stuttgart: Deutsche Verlags-Anstalt 1976.

M. Regina Goberna OSB (Ordinis Sancti Benedicti): Vater Benedikt. München: Verlag Neue Stadt 1983.

Anselm Grün OSB: Benedikt von Nursia. Seine Botschaft heute. Münsterschwarzacher Kleinschriften Band 7. Münsterschwarzach: Vier-Türme-Verlag 1979.

G. Hertzka/W. Strehlow: Große Hildegard Apotheke. Freiburg: Verlag Hermann Bauer 1989.

G. Hertzka/W. Strehlow: Die Edelsteinmedizin der heiligen Hildegard. Freiburg: Hermann Bauer, [5] 1989.

Hermann Hesse: Lektüre für Minuten. Gedanken aus seinen Büchern und Briefen. Aus Anlaß des 100. Geburtstags. Frankfurt: Suhrkamp Verlag 1981.

Hermann Hesse: Die Romane und die großen Erzählungen. Jubiläumsausgabe zum 100. Geburtstag. Frankfurt: Suhrkamp Verlag 1980.

Hildegard von Bingen: Gott sehen. Herausgegeben und eingeleitet von Heinrich Schipperges. Reihe: Texte christlicher Mystiker. München: Piper 1987.

Hildegard von Bingen: Heilmittel. Übersetzt von Marie-Luise Portmann. Basel: Hildegard-Gesellschaft o.J.

Rudi Holzberger: Die Alternativen von Marienau. In: Geo 3/1987.

Georg Holzherr, Abt von Einsiedeln (Hrsg.): Die Benediktsregel. Eine Anleitung zu christlichem Leben. Zürich/Einsiedeln: Benziger Verlag 1989.

Internationale Gesellschaft Hildegard von Bingen (Hrsg.): Hildegard-Zeitschrift. Baseler Hildegard-Gesellschaft, Postfach 164, CH-4010 Basel.

P. Moritz Jäger: Schwester Gertrud Leupi. Gründerin der drei Benediktinerinnenklöster Maria-Rickenbach, Yankton, Marienburg. Fribourg: Kanius Verlag 1974.

Walter Ludin (Hrsg. im Auftrag der Vereinigung der Höheren Ordensobern der Schweiz, VOS): Männerorden in der Schweiz. Zürich/Einsiedeln: Benziger Verlag 1982.

Ida Lüthold-Minder: Mutter Maria Gertrud Leupi. Bern: Verlag Bargezzi 1973.

Leonhard von Matt/P. Stephan Milpisch: Benediktus. Leben und Werk. Zürich: NZN-Buchverlag 1960.

Martin Ohl: Unter Klosterbrüdern. Bei Benediktinern in Beuron. In: iwz 50/1989.

P. Eugen Pfiffner: Die Regel des heiligen Benedikt. Zürich/Einsiedeln: Benziger Verlag 1961.

Rainer Maria Rilke: Gedichte. Stuttgart: Lizenzausgabe für den Deutschen Bücherbund o.J.

Albert Schweitzer: Aus meinem Leben und Denken. Stuttgart: Stuttgarter Hausbücherei o.J.

Albert Schweitzer: Die Ethik der Ehrfurcht vor dem Leben. Zitiert in: Lust an der Erkenntnis, a.a.O.

Pater Werner: Predigt auf den 25. Sonntag im Jahreskreis. Manuskript, Kloster Maria-Rickenbach 1989.

Arnulf Zitelmann: „Widerrufen kann ich nicht". Die Lebensgeschichte des Martin Luther. Weinheim: Beltz Verlag 1983.

Text und Bildlegenden:
Gerd Pfitzenmaier, Olching
Fotos: Andreas Riedmiller, Martinszell
Lektorat: Brigitte Beier, Hamburg
Gestaltung: Hartmut Brückner, Bremen
Satz: O&S Satzteam, Hildesheim
Lithographie: Rüdiger & Doepner, Bremen
Gesamtherstellung: K. Rosendahls Bogtrykkeri, Esbjerg/Dänemark

CIP-Titelaufnahme der Deutschen Bibliothek

Zwischen Himmel und Erde:
Nonnen im Bergkloster /
Gerd Pfitzenmaier ; Andreas Riedmiller. – Hamburg: Ellert u. Richter, 1990
(Erlebnis-Reise)
ISBN 3-89234-216-4
NE: Pfitzenmaier, Gerd [Mitverf.]; Riedmiller, Andreas [Ill.]